MARIEKE GIETZEN

PORRIDGE
Kochbuch

Email: info@edition-lunerion.de
www.edition-lunerion.de

Psiana eCom UG
Berumer Str. 44
26844 Jemgum

Vorwort

Haferbrei ist langweilig? Von wegen! Denn unter dem modernen Namen „Porridge" hat das Gericht längst nichts mehr mit der Schonkost aus Kindertagen zu tun, sondern bietet eine Riesenauswahl an köstlichen Gerichten. Dabei bleibt er herrlich gesund – und wenn Sie sich jeden Tag ein Stückchen Haferglück gönnen wollen, ist dieses Buch genau das Richtige für Sie!

Gesundheitlich steht der Hafer ohnehin unschlagbar da: Ballaststoffe sorgen für die Verdauung, außerdem regelt er den Blutzucker, Eiweiß und verschiedene B-Vitamine finden sich reichlich und dazu liefert er ordentlich Power. Zum Porridge verarbeitet punktet er dann auch noch mit jeder Menge Geschmack und mit den Rezepten in diesem Buch kommt keine Langeweile auf. Ob klassisch zum Frühstück, in Salaten, Suppen und Broten, im herzhaft-deftigen Hauptgericht oder auch als Dessert – Porridge macht bei Tisch jederzeit eine gute Figur. Veggies, Fleischfans und Fischfreunde kommen hier genauso auf ihre Kosten wie Naschkatzen und Gesundheitsbewusste und entdecken eine Riesenauswahl an Schlemmereien für jeden Geschmack.

Guten Appetit!

 INHALT

Wissenswertes

Wer bei dem Wort „Haferbrei“ an Schonkost denkt, liegt schon seit geraumer Zeit auf der vollkommen verkehrten Ernährungsbahn. Statt einer Tasse Kamillentee wird der Brei schon längst nicht mehr gereicht, wenn einen Bauchschmerzen malträtieren – nebenbei: Es funktioniert trotzdem noch. Denn hinter dem eher langweilig anmutenden Begriff versteckt sich nichts anderes als der international bekannte Porridge. Und dieser lässt sich nahezu überall in den sozialen Medien von einem Trendsetter und Influencer als Superfood-Variante einspannen. Einen sehr lukrativen Vor-teil hat das Ganze: Porridge ist für seine Bühnenpräsenz auf der gesamten Welt mit wirklich wenig Budget zu bekommen. Anders als manche Trends und Ernährungstipps öffnet er sich daher der breiten Masse und jeder Schicht. In der Regel wird der Haferbrei mit verschiedenen Flüssigkeiten und unterschiedlichen Toppings als perfektes Frühstück oder schnelle, stärkende Zwischenmahlzeit eingenommen.

Doch der Brei aus dem nähr-stoffreichen Getreidekorn kann mehr! Deshalb soll der Haferbrei in diesem Buch eine geeignete Bühne seiner vielseitigen Anwendung erhalten. Anders als in den meisten Porridge-Rezeptbüchern reichen diverse Früchte, Gewürze und Nüsse nicht, um die Vielfalt zu erklären. In diesem Kochbuch wird der Brei in die alltäglichen Mahlzeiten zu jeder Tageszeit übernommen. Damit der beeindruckende Einblick in die Welt des Hafers so reibungslos und verständlich abläuft, folgen als Erstes ein paar theoretische Fakten über den Hafer und seine Verwendung als Brei. Aber dieses Kapitel wird nicht sehr langwierig ausfallen. Denn so schnell wie möglich sollen die kunterbunten Rezepte für Porridge eingesehen und selbst zubereitet werden.

DER HAFER

Hafer (Avena Sativa) wird des Öfteren einmal als ein Wundermittel betrachtet. Dies hängt unter anderem mit diesen sehr positiven Eigenschaften und der daraus folgenden Unterstützung einer gesunden und maßvollen Ernährung zusammen. Hafer erweist sich als perfekte Quelle für pflanzliche Proteine. Auf 100 g Haferflocken kommen 12–15 g Eiweiß – das ist stark! Des Weiteren glänzt das Korn durch einen hohen Anteil an B-Vitaminen für den Immunhaushalt und ganz wichtig dem Eisen für die Blutbildung. Unter allen Getreidesorten weist der Hafer den höchsten Anteil an B1- und B6-Vitaminen auf. Doch Hafer hat noch mehr zu bieten: Die enthaltenen Kohlenhydrate werden als komplexe Kohlenhydrate bezeichnet. Das bedeutet schlechthin, dass sie länger verdaut werden – im Vergleich zum raffinierten Zucker beispielsweise. Wiederum bewirkt dies einen gemäßigten Anstieg des Blutzuckers. Im Prinzip hält diese Eigenschaft den Blutzucker mehr oder weniger im Gleichgewicht. Und die Ballaststoffe intensivieren zudem eine gesunde und angeregte Verdauung – schließlich ist diese Funktion der Garant für eine energiereiche Aktivität am Tag. Zudem fördern die enthaltenen Antioxidantien die Produktion des Stickoxids. Wiederum weitet dies die Blutgefäße und optimiert den Blutfluss. Der Blutdruck wird daher bestmöglich gesenkt. Zusätzlich wirken diese Antioxidantien wie beispielsweise die Avenanthramide gegen Juckreiz sowie Entzündungen. Die Bindung der freien Radikale im Körper verhindert nunmehr die Alterung des Gewebes und die Entstehung von Krebszellen.

Haferbrei wird aufgrund dieser Eigenschaften immer beliebter und gilt schon lange nicht mehr als die Speise der Ärmeren. Die Wärme eines aufgekochten Porridge stärkt die Entfaltung der Charakteristika und sensibilisiert dabei den Magen-Darm-Bereich – in der heutigen Welt voller Stress, Terminen und Verbindlichkeiten wird dies jeder gut gebrauchen können. Mit dem regelmäßigen Verzehr von Porridge wird das Risiko auf einige

Krankheiten merklich reduziert. Eine gesunde Ernährung mit mehr Hafer bewirkt daher folgende Pluspunkte für die eigene Gesundheit:

- Anregung der Verdauung
- Unterstützung bei der Gewichtsabnahme
- Senkung des Cholesterinspiegels
- Vermeidung von Diabetes Typ 2
- Regulierung des Blutzuckerspiegels
- Stärkung des Immunsystems
- Verhinderung von Verstopfung
- Prävention gegen Asthma bei Kindern
- Versorgung mit Power (gerade für sportliche Wettbewerbe)

Haferflocken sind einfach super gesund und bringen Ihnen Power, wenn Sie diese an einem stressigen und zehrenden Tag benötigen. Vor allem als hervorragender Eiweißlieferant überzeugt das Korn und offenbart Ihnen die optimale Ressourcenlieferung für eine resolute Konstitution – körperlich wie mental – sowie langfristig Kraftreserven. Zudem bieten Haferflocken jede Menge Ballaststoffe für einen wirkungsvollen Antrieb des Stoffwechselprozesses und der Verdauung. Des Weiteren enthält Hafer einen hohen Anteil an folgenden Nährstoffen:

- Eisen
- Kalzium
- Magnesium
- Phosphor
- Zink
- Vitamin B1
- Vitamin B6
- Vitamin E

Hinweis: Der Haferbrei enthält jede Menge Folsäure. Daher bietet sich die Verwendung von Porridge im Küchenalltag insbesondere auch für Schwangere an.

Im Sinne einer richtigen Nährstoffaufnahme und gleichzeitig eines intakten Sättigungsgefühls spricht alles für die regelmäßige Berücksichtigung von Hafer auf der Speisekarte. Insbesondere den langkettigen Kohlenhydraten ist dieses langanhaltende Sättigungsgefühl zu verdanken. Es bewirkt wiederum eine optimale Energieverbrennung und schont vor zukünftigen als Gesellschaftskrankheiten beschriebenen körperlichen Einschränkungen wie einer Verfettung, einem hohen Blutzuckerwert oder eines gesundheitsschädlichen Cholesterinspiegels und der damit einhergehenden Arterienverkalkung.

Info: Der Ballaststoff Beta-Glucan wirkt ausgesprochen positiv auf die körperlichen Belange. Nachweislich ist der Nährstoff für die Senkung des Blutzucker- und Cholesterinwertes verantwortlich. Forscher fanden heraus, dass es zudem das Risiko auf Diabetes immens senkt. Denn der Ballaststoff sensibilisiert die Zellen hinsichtlich der Empfindlichkeit gegenüber Insulin.

Obacht: Wer unter Glutenunverträglichkeit (Zöliakie) leidet, darf aufatmen. Erstens enthält Hafer minimale Glutenanteile. Zweitens stehen einige nichtkontaminierte Haferprodukte auf dem Absatzmarkt zur Verfügung. Unter der Bezeichnung „Oat“ und dem Symbol mit der durchgestrichenen Ähre sind diese einfach zu erkennen.

Langanhaltende Sättigung – Hafer enthält jede Menge gehaltvolle Inhaltsstoffe. Vitamine, Mineralien und Spurenelemente versorgen den eigenen Körper somit auf eine äußerst universelle Weise. Zudem bewirkt diese Sättigung an Nährstoffen ebenso eine umfassende Lieferung vieler relevanter Nahrungskomponenten. Der hohe Anteil an Ballaststoffen wirkt sich insbesondere hervorragend auf die Verdauung aus. Diese intensive und ebenso leicht verzögerte Verwertung verlängert den Prozess der Verdauung. Die Folge: Wir sind deutlich länger satt. Dies verhindert Fressattacken. Außerdem vermissen die Fans des Hafers nachweislich die Müdigkeit nach dem Essen.

Ein kleiner gesunder Extra-Kick: Haferflocken verfügen über einen beachtlich hohen Anteil an ungesättigten Fettsäuren.

VARIANZ

Porridge verbinden die meisten Menschen mit dem Hafer. Dieses Getreide gilt als eines der günstigsten Körner. Das machte es für die ärmeren Bevölkerungsteile in Schottland, Irland und England im aufstrebenden Industriezeitalter mitunter als die einzige verfügbare Nahrungsquelle mit großem Nährstoffgehalt. Während der Haferbrei immer ein Brei aus Hafer bleibt, ermöglicht Porridge auch einen Ersatz mit verschiedenen Getreideflocken:

- **Amaranth**
- **Buchweizen**
- **Dinkel**
- **Hirse**
- **Quinoa**
- **Reis**

Das simple Gericht für den kleinen wie großen Hunger bietet sich aufgrund der Anpassungsfähigkeit an persönliche Vorlieben und ernährungsbedingte Anforderungen einfach für jeden an.

Für das Grundrezept benötigen Sie lediglich:

50 g Haferflocken
250 ml Wasser (oder Milch beziehungsweise Pflanzendrink)
1 Prise Salz

Und so wird er zubereitet:

1 Rösten Sie die Haferflocken ohne Fett in einer Pfanne, bis sie zu duften beginnen.

2 Währenddessen erwärmen Sie das Wasser in einem Topf. Unter stetem Umrühren werden die zugegebenen Haferflocken aufgekocht. Einerseits quellen die Flocken auf, andererseits dickt der Brei in 3 - 5 Minuten ein.

3 Final locken die Verfeinerungen nach individuellen Geschmacksvorlieben.

Tipp: Wählen Sie die Porridge-Varianten als steten Bestandteil Ihrer Kreationen in der Küche! Mit Vorratspackungen sparen Sie an der Verpackung und budgetfreundlich am Preis.

- **Sommer-Porridge:** Beeren und anderes Obst als Scheiben, Stücke oder in Form einer Grütze
- **Winter-Porridge:** Haferbrei mit Kardamom, Zimt oder eingekochten Nelken und Dörrobst

Für die simple Veredelung des bereits beschriebenen Basisrezeptes befinden sich immer wieder abwechslungsreiche Upgrades in jeder Küche. So dienen diese Nahrungsmittel als Geschmacksintensivierung und kulinarische Vielfalt:

- **Gemüse** (Karotten, Rote Bete, Brokkoli, Kürbis etc.)
- **Obst** (Beeren, Pfirsich, Bananen, Datteln etc.)
- **Blattgemüse** (Grünkohl, Spinat, Rhabarber, Mangold etc.)
- **Samen/Nüsse**
- **Mandel-/Erdnussmus**
- **Würzflüssigkeiten** (Sojasoße, Sesamöl, Srirachasoße, Pesto etc.)
- **Gewürzpulver** (Kardamom, Muskat, Zimt, Vanille etc.)
- **Süßes** (Honig, Kokosraspel, Kakao-Nibs, Fruchtmus etc.)

Und schon gelangen wir zu den Rezepten, schließlich wurde die Neugierde lange genug angeregt. Die Zeit zum genüsslichen Nachkochen ist gekommen! Wie bereits erwähnt, geht die Auflistung der nun folgenden Porridge-Rezepte weit über die Zubereitung als schnelles, gesundes Früh-stück hinaus.

Frühstück

FRUCHTIGE OVERNIGHT OATS

2 Pers.

15 Min.

Leicht

Zutaten

150 g Heidelbeeren
80 g zarte Haferflocken
150 ml Kokosdrink
2 Kopfsalatblätter
1 Banane
3 EL Wasser
2 EL Kokosraspel
1 EL Leinsamen
1 Msp. Zimtpulver

Küchenutensilien

1 Standmixer
1 Bügelglas (à 400 ml)

Nährwerte p. P.

254 kcal
45 g Kohlenhydrate
5 g Fett
7 g Eiweiß

1 Die Heidelbeeren vorsichtig putzen und abtrocknen. 120 g davon mit dem Kokosdrink sowie Zimt in einem Standmixer fein pürieren.

2 Die Haferflocken mit dem Püree mischen und in ein Glas füllen. Die Flocken gut verschlossen über Nacht im Kühlschrank ziehen lassen.

3 Die Haferflocken am nächsten Morgen aus dem Kühlschrank nehmen. Die Banane schälen und grob zerschneiden. Den Salat waschen, trocken schütteln sowie klein zupfen.

4 Im Standmixer Banane, Salat, Leinsamen und einen Esslöffel Kokosraspel mit dem Wasser zerkleinern.

5 Die Heidelbeer-Oats gut verrühren und in die Schüsseln geben. Die grüne Soße nun darüberträufeln. Als Garnierung dienen die übrigen Heidelbeeren sowie Kokosraspel.

FRÜHSTÜCKSBRÖTCHEN

4 Pers. | 25 Min. + 30 Min. Ruhen | Leicht

Zutaten

100 g Möhren
75 g Haferflocken
75 g geriebener Käse (oder zerdrückter Tofu)
125 ml Milch (oder Sojamilch)
4 Vollkornbrötchen
4 Scheiben Käse nach Wahl
2 Salatblätter (oder 4 kleine)
1 Tomate
1 Zwiebel
1 Knoblauchzehe
3 EL Weizenvollkornmehl
2 EL Olivenöl
2 EL Ketchup
1 EL Senf
1 EL Quark (oder Sojaquark)
1 EL gehackte Petersilie
1 TL Salz
1 Prise Chiliflocken

Küchenutensilien

1 Topf
1 Rührschüssel
1 Pfanne
1 Schüssel
1 Toaster

Nährwerte p. P.

508 kcal
47 g Kohlenhydrate
26 g Fett
20 g Eiweiß

1 Die Milch in einem Topf erhitzen. Derweil Flocken, Mehl, ein Esslöffel Öl und das Salz in einer Schüssel mischen. Die erwärmte Milch darübergießen. Das Ganze circa 30 Minuten quellen lassen.

2 Die Möhren waschen, schälen und reiben. Die Zwiebel schälen und fein hacken. Den Knoblauch schälen und zerdrücken.

3 Dem Schüsselinhalt die restlichen Zutaten beimengen und gut unterrühren. Mittels zweier Esslöffel den Teig in Portionen stechen, kleine Buletten daraus formen und flachdrücken.

4 Die Pattys im restlichen Öl in der Pfanne von jeder Seite etwa 3 - 5 Minuten goldbraun braten.

5 Die Tomaten waschen, den Blütenansatz herausschneiden und in Scheiben schneiden. Den Salat waschen, verlesen und notfalls halbieren. In der zweiten Schüssel Ketchup und Senf miteinander vermischen.

6 Die Brötchen aufschneiden und im Toaster auf der Schnittfläche eine Minute rösten. Die Soße auf die untere Brötchenhälfte streichen und mit dem Salat bedecken. Danach Tomatenscheiben und Käse auflegen. Jetzt werden die Haferburger arrangiert. Darauf erneut Soße klecksen und das Brötchenoberteil auflegen.

FEIGER HIRSE-PORRIDGE

4 Pers.

25 Min.

Leicht

Zutaten

120 g Hirse
350 ml Mandeldrink
8 Feigen
1 Packung (Bourbon-) Vanillezucker
2 EL Chiasamen
½ TL Zimt
1 Prise Meersalz

Küchenutensilien

1 Topf mit Deckel

Nährwerte p. P.

230 kcal
38 g Kohlenhydrate
4 g Fett
6 g Eiweiß

1 Die Hirse unter heißem Wasser gründlich abspülen.

2 Nun die Hirse in einem Topf mit dem Mandeldrink und dem Salz aufkochen. Mit Vanillezucker und Zimt würzen.

3 Die Hitze auf mittlere Temperatur zurückdrehen und alles etwa sieben Minuten zugedeckt köcheln. Abschließend noch einmal zehn Minuten durchziehen lassen.

4 Derweil die Feigen waschen, abtrocknen und in Spalten schneiden.

5 Das Hirse-Porridge auf Schüssel verteilen. Darauf die Feigenspalten arrangieren und das Ganze mit den Chiasamen bestreuen.

APFEL-ZIMT-TAGESSTART

1 Pers.

15 Min.

Leicht

Zutaten

40 g Dinkelflocken
80 ml Milch
3 EL Joghurt
3 EL getrocknete Cranberrys
2 EL Apfelmus
½ TL Zimtpulver

Küchenutensilien

1 Glas à 500 ml

Nährwerte p. P.

269 kcal
35 g Kohlenhydrate
8 g Fett
13 g Eiweiß

1 Die Flocken in das Glas geben. Anschließend Cranberrys, Milch und Joghurt darauf schichten und den Glasinhalt nun zehn Minuten quellen lassen.

2 Abschließend das Ganze mit dem Apfelmus und dem Zimt garnieren und schon steht ein schnelles Frühstück zur Verfügung.

BEERIGER FRÜHSTÜCKSAUFLAUF

4 Pers.

1 Std.

Leicht

Zutaten

180 g zarte Haferflocken
150 g TK-Beeren
40 g gehackte Walnüsse
40 g gehackte Cashews
30 g weiche Butter
475 ml Milch
50 ml Ahornsirup
1 Banane
1 Ei
2 TL Vanilleextrakt
1 TL Backpulver
1 TL Zimt
1 Msp. Kardamom
½ TL Salz

Küchenutensilien

2 Schüsseln
1 Schneebesen
1 Auflaufform
Backofen

Nährwerte p. P.

545 kcal
55 g Kohlenhydrate
29 g Fett
16 g Eiweiß

1 Den Backofen auf 190 °C Ober-/Unterhitze vorheizen. Derweil die Hälfte der Nüsse in einer Schüssel mit dem Backpulver, den Flocken sowie den Gewürzen vermischen.

2 In der zweiten Schüssel die Flüssigzutaten mit dem aufgeschlagenen Ei und der Butter zu einer homogenen Masse verquirlen.

3 Die Banane schälen und in Scheiben schneiden. Den eingefetteten Boden der Auflaufform mit der Hälfte der Bananenscheiben und TK-Früchte belegen.

4 Nun die Hafermischung darübergeben. Das Ganze mit der Milch-Mischung übergießen und obenauf die übrigen Bananenscheiben, Beeren sowie Nüsse arrangieren.

5 Den Haferauflauf im Ofen etwa 40 Minuten backen.

ERDNUSS-PORRIDGE-AUFSTRICH

10 Pers. 10 Min. Leicht

Zutaten

100 g zarte Haferflocken
400 ml Milch
200 ml Wasser
2 Bananen
5 EL Erdnussbutter

Küchenutensilien

1 Topf
1 Drahtbügelglas

Nährwerte p. P.

122 kcal
15 g Kohlenhydrate
5 g Fett
5 g Eiweiß

1 Wasser und Milch in einem Topf aufkochen. Dann die Haferflocken hineingeben. Das Ganze zur Hälfte einkochen lassen.

2 Die Bananen schälen, mit einer Gabel zerdrücken und unter das reduzierte Porridge heben. Das Ganze weitere 2 - 4 Minuten einkochen.

3 Den Topf vom Herd nehmen und die Erdnussbutter einrühren. Zum Schluss das Ganze im Glas auskühlen lassen.

EXOTISCHER PORRIDGE MIT FRUCHTMARMELADE

2 Pers.

15 Min.

Leicht

Zutaten

100 g Granatapfelkerne
100 g Himbeeren
80 g feinkörnige Hirse
50 g kernige Haferflocken
300 ml Mandeldrink
375 ml Wasser
1 Zitronengrasstange
½ Banane
3 EL Ahornsirup
2 EL Tahini
2 EL Chiasamen
1 Prise Salz

Küchenutensilien

2 Töpfe

Nährwerte p. P.

468 kcal
76 g Kohlenhydrate
11 g Fett
15 g Eiweiß

1 300 ml Wasser mit dem Salz in einem Topf aufkochen. Jetzt Hirse sowie Flocken dazugeben und 4 - 5 Minuten köcheln lassen. Anschließend die Temperatur stark reduzieren und den Topfinhalt unter einem Küchentuch 8 - 10 Minuten quellen lassen.

2 Ein paar Granatapfelkerne und Himbeeren zur Seite legen. Den Rest mit dem übrigen Wasser in den zweiten Topf geben. Zitronengras putzen und in Stücke brechen. Chiasamen und zwei Esslöffel Ahornsirup in die Fruchtmasse geben. Alles aufkochen und anschließend bei niedriger Temperatur unter gelegentlichem Umrühren mindestens zehn Minuten köcheln lassen. Zitronengras entnehmen und alles in einem Glas auskühlen lassen.

3 Dem Porridge nun Tahini, den restlichen Sirup und den Mandeldrink beimengen. Gut mischen und alles weitere 6–8 Minuten auf mittlerer Stufe köcheln lassen.

4 Die Banane schälen, in Scheiben schneiden und mit den zur Seite gelegten Früchten als Garnierung auf das Porridge geben.

LEICHTES SOMMERFRÜHSTÜCK

4 Pers.

15 Min.

Leicht

Zutaten

250 g Cocktailtomaten
200 g kernige Haferflocken
600 ml Gemüsebrühe
4 Eier
1 Packung Frischkäsezubereitung Natur (bspw. Brunch, Philadelphia etc.)
1 Gurke
½ Bund Basilikum
4 EL Nussmix
2 EL Olivenöl

Küchenutensilien

2 Pfannen
1 Topf

Nährwerte p. P.

441 kcal
27 g Kohlenhydrate
31 g Fett
13 g Eiweiß

1 Zu Beginn die Haferflocken in einem Topf in der Brühe aufkochen und bei geringer Hitze noch 5 - 7 Minuten weiterköcheln lassen.

2 Derweil die Gurke schälen und in mundgerechte Stücke schneiden. Die Tomaten waschen sowie halbieren oder vierteln.

3 In einer Pfanne die aufgeschlagenen Eier im Öl zu Spiegeleiern braten. Nach persönlichem Geschmack darf nun auch gewürzt werden. Die Nüsse grob zerteilen und ohne Fett in der zweiten Pfanne rösten, bis sie duften.

4 Den Frischkäse zur Hälfte vorsichtig in das Porridge rühren. Das Ganze 2 - 3 Minuten durchziehen lassen. Das Basilikum waschen, trocknen und fein hacken.

5 Die Eier auf den Teller legen. Porridge darauf anrichten. Darauf Tomaten und Gurken legen und obenauf den übrigen Frischkäse arrangieren. Das Ganze mit den Nüssen und dem Basilikum garnieren.

KRÄUTERWAFFELN

6 Waffeln 30 Min. Leicht

Zutaten

100 g weiche Butter
75 g Weizenvollkorn-
mehl
75 g Dinkelvollkornmehl
50 g Haferflocken
20 g Bärlauch
150 ml Buttermilch
3 Eier
1 Zwiebel
½ TL Backpulver
1 Prise Salz
1 Prise Pfeffer

Küchenutensilien

1 Standmixer
1 Waffeleisen

Nährwerte p. P.

286 kcal
22 g Kohlenhydrate
19 g Fett
8 g Eiweiß

1 Die Zwiebel schälen und fein hacken. Den Bärlauch waschen, trocknen und ebenfalls klein hacken.

2 Anschließend alle Zutaten in einem Standmixer pürieren und das Ganze etwa 8 - 10 Minuten quellen lassen.

3 Die Waffeln im Waffeleisen ausbacken, bis sie leicht gebräunt sind.

Salate & Suppen

ROTE-BETE-SALAT

2 Pers. 15 Min. Leicht

Zutaten

150 g Beerenmix
90 g zarte Haferflocken
250 ml Haferdrink
1 Rote Bete
1 EL Samen nach Wahl
1 EL Honig

Küchenutensilien

2 Töpfe
1 Schüssel

Nährwerte p. P.

269 kcal
46 g Kohlenhydrate
6 g Fett
7 g Eiweiß

1 Als Erstes den Haferdrink in einem Topf aufkochen und darin die Haferflocken für circa acht Minuten quellen lassen.

2 Die Rote Bete schälen und in dünne Scheiben oder kleine Würfel schneiden. Im zweiten Topf die Betestücke etwa 2 - 3 Minuten kochen. Sie sollen bissfest bleiben.

3 Die Beeren waschen, trocknen und verlesen. Eventuell sind Stiele zu entfernen.

4 Beeren und Rote Bete in einer Schüssel gut mischen. Auf den Salat schließlich das Porridge geben und das Ganze mit den restlichen Zutaten garnieren.

SPINAT-ERBSEN-SALAT MIT POWERDIP

2 Pers.

15 Min.

Leicht

Zutaten

200 g Erbsen (oder Kidneybohnen)
100 g frischer Spinat (oder Salat)
45 g zarte Haferflocken
45 g Roggenflocken
300 ml Mandeldrink
200 ml Wasser
2 getrocknete Datteln (entsteint)
1 EL Leinsamen
1 EL Ahornsirup
1 TL Pflanzenöl
1 TL Würzsoße nach Geschmack (Soja-, Srirachasoße oder Pesto)
1 Prise Salz

Küchenutensilien

1 Topf
1 Pfanne
1 Schüssel
1 Sieb

Nährwerte p. P.

435 kcal
71 g Kohlenhydrate
9 g Fett
14 g Eiweiß

1 In einem Topf die beiden Flockensorten mit dem Mandeldrink, Wasser und Salz aufkochen. Das Ganze anschließend bei niedriger Hitze etwa fünf Minuten quellen lassen und regelmäßig umrühren.

2 Den Spinat waschen, trocken schütteln und verlesen. Die Blätter im Ganzen belassen, aber kurz im heißen Öl in der Pfanne für eine Minute anbraten. Den Spinat entnehmen, sobald er zusammenfällt. Die Blätter mit der Würzsoße in einer Schüssel vermischen.

3 Die Erbsen im Sieb abspülen und abtropfen lassen. Anschließend mit dem Spinat vermischen. Die Datteln in kleine Ringen schneiden und hinzufügen. Alles nochmals gut mischen.

4 Auf den Salat nun ein wenig Porridge geben und mit den Leinsamen und dem Sirup garnieren.

BROKKOLIHAPPEN AUF KRAFTBETT

1 Pers. 15 Min. Leicht

Zutaten

150 g Brokkoli
500 ml Wasser
1 Schalotte
½ Avocado
1 Handvoll Spinat
2 EL kernige Haferflocken
1 EL Dinkelflocken
1 EL Roggenflocken
1 EL Sesamöl
½ EL gehackte Haselnusskerne
1 Msp. Salz

Küchenutensilien

2 Pfannen
1 Topf

Nährwerte p. P.

531 kcal
23 g Kohlenhydrate
41 g Fett
12 g Eiweiß

1 Die Schalotte schälen und fein hacken. In einer Pfanne einen halben Esslöffel Öl erhitzen und die Zwiebeln darin 2 - 3 Minuten glasig andünsten.

2 Den Spinat waschen, trocken schütteln, verlesen und klein schneiden. Den Spinat in der Zwiebelpfanne kurz anbraten, bis er in sich zusammenfällt. Mit 200 ml Wasser auffüllen und die Flocken unterrühren. Das Ganze salzen und bei geschlossenem Deckel auf niedriger Temperatur etwa zehn Minuten quellen lassen.

3 Den Brokkoli waschen und in Röschen teilen. Diese in einem Topf in 300 ml Wasser für 2 - 3 Minuten blanchieren und anschließend kalt abschrecken.

4 Derweil die Avocado halbieren, vom Stein trennen und das Avocadofleisch in dünne Scheiben schneiden. In der zweiten Pfanne den Brokkoli und die Avocado im restlichen erhitzten Öl mehrfach wenden.

5 Das Porridge anrichten. Darauf die Brokkolihappen und Avocadoscheiben anrichten und mit den Nusskernen garnieren.

GEMÜSESCHATZ MIT KAROTTENSPECK

1 Pers.

45 Min.

Leicht

Zutaten

120 g schnittfester Tofu
100 g Grünkohl
35 g kernige Haferflocken
300 ml Wasser
100 ml Pflanzenmilch
1 Möhre
½ Süßkartoffel
1 Handvoll Granatapfelkerne
2 TL Kokosöl
1 TL Pinienkerne
½ TL Knoblauchpulver
½ TL rosenscharfes Paprikapulver
½ TL Ingwerpulver
½ TL Cayennepfeffer
1 Msp. Salz

Küchenutensilien

2 Töpfe
2 Pfannen

Nährwerte p. P.

361 kcal
32 g Kohlenhydrate
19 g Fett
16 g Eiweiß

1 Die Süßkartoffel schälen und in kleine Stücke schneiden. Die Möhre schälen und der Länge nach in dünne Scheiben schneiden. Sind diese zu lang, werden sie halbiert. Den Grünkohl waschen, trocken schütteln und verlesen. Anschließend klein rupfen.

2 Die Kartoffel im kleinen Topf fünf Minuten weichkochen. In einer Pfanne den mundgerecht geschnittenen Tofu in einem Esslöffel Öl circa fünf Minuten anbraten.

3 Milch und 100 ml Wasser in einem Topf aufkochen. Die Haferflocken dazugeben, Salz und Knoblauchpulver untermengen. Das Ganze fünf Minuten bei mittlerer Hitze köcheln lassen und dann nochmals fünf Minuten fern vom Herd ruhen lassen.

4 Die Kartoffelstücke der Tofupfanne hinzufügen und alles 4–5 Minuten weiterbraten. Anschließend den Grünkohl dazugeben und für zwei Minuten mitbraten. Die Pfanne dabei mehrfach schwenken.

5 In der zweiten Pfanne das übrige Öl erhitzen. Die Gewürze einmischen und danach die Möhrenscheiben darin wälzen. Nach etwa zwei Minuten sind diese fertig.

6 Das Porridge anrichten und den Gemüse-Tofu-Mix darauf positionieren. Zum Schluss mit Granatapfel- sowie Pinienkernen garnieren.

PORRIDGESUPPE

1 Pers. 20 Min. Leicht

Zutaten

100 g Räucherlachs
60 g Haferflocken
50 g Butter
250 ml Wasser
3 EL gehackte Petersilie
2 EL Frischkäse
1 TL Dill
1 Prise Salz
1 Prise Pfeffer
1 Prise Muskat
1 Prise Chilipulver

Küchenutensilien

1 Topf

Nährwerte p. P.

501 kcal
23 g Kohlenhydrate
37 g Fett
19 g Eiweiß

1 Die Butter im Topf schmelzen. Nun die Haferflocken gut einrühren. Anschließend das Wasser angießen und alles 10 - 12 Minuten sämig köcheln.

2 Den Lachs abspülen und in dünne Streifen schneiden.

3 Nun die Suppe mit den Gewürzen abschmecken. Erst kurz vor dem Servieren Fisch, Frischkäse und Dill unterrühren. Das Ganze zum Schluss mit der Petersilie garnieren.

VEGANE KÜRBIS-PORRIDGE-SUPPE

2 Pers.

30 Min.

Leicht

Zutaten

40 g zarte Haferflocken
40 g kernige Haferflocken
400 ml Pflanzenmilch
400 ml Wasser
1 Banane
½ Apfel
½ Birne
½ Kürbis
2 - 4 EL Sojajoghurt
1 EL Schokoladenraspel
1 TL Zimtpulver (oder Spekulatiusgewürz)

Küchenutensilien

2 Töpfe
1 Schaumkelle

Nährwerte p. P.

306 kcal
59 g Kohlenhydrate
4 g Fett
8 g Eiweiß

1 Den Kürbis schälen und von Kernen und Häutchen befreien. Anschließend in kleine Würfel schneiden. Die Banane schälen und grob schneiden. Apfel und Birne waschen, eventuell schälen und vom Kerngehäuse befreien. Sie werden grob zerstückelt.

2 In einem Topf mit 200 ml aufgekochtem Wasser die Kürbiswürfel etwa 5 - 7 Minuten garen. Nach der Hälfte der Garzeit Apfel und Birne hinzufügen.

3 Derweil die Pflanzenmilch mit den Haferflocken aufkochen. Die Flocken zehn Minuten quellen lassen. Die Banane mit einer Gabel zerdrücken und dem Porridge unterrühren. Den Zimt einrühren und den Porridgetopf mit dem restlichen Wasser füllen.

4 Den Kürbis und die Früchte mit einer Schaumkelle aus dem ersten Topf entnehmen und in den Porridgetopf geben.

5 Das Ganze aufkochen. Den Joghurt im Sinne der Cremigkeit entweder unterrühren (4 EL) oder nach dem Befüllen der Schüssel als Garnierung obenauf geben (je 1 EL). Die Speise final mit den Schokoladenraspeln bestreuen.

Backen

LOW CARB BROT

1 Laib

30 Min. + 1 Std. Backen

Leicht

Zutaten

250 g Porridge-Grundrezept
250 g Sonnenblumenkerne
100 g Kürbiskerne
75 g Walnusskerne
60 g Leinsamenschrot
60 g Flohsamenschalen
50 g rote Linsen
25 g Sesam (oder Mohn)
665 ml lauwarmes Wasser
35 ml weißer Balsamessig
2 EL Kokosblütendicksaft
2 EL Rapsöl (oder Sonnenblumenöl)
2 TL Salz

Küchenutensilien

1 Topf
1 Getreidemühle
1 Brotkastenform
Backpapier
Backofen

Nährwerte p. P.

263 kcal
12 g Kohlenhydrate
20 g Fett
10 g Eiweiß

1 Das Porridge nach gewohnter Manier zubereiten.

2 In einer Getreidemühle als Erstes die Linsen schroten. Walnüsse sowie Kürbiskerne klein hacken.

3 Anschließend sämtliche Kerne in einer großen Schale mit dem Salz vermengen. Kokosblütendicksaft, Essig sowie Öl dazugießen. Das Porridge dazugeben und das Ganze mit dem lauwarmen Wasser verquirlen.

4 Den Backofen auf 180 °C Ober-/Unterhitze vorheizen. Die Backform mit Backpapier auslegen, die Masse einfüllen und andrücken. Mit ein wenig Wasser bestreichen und mit Sesam oder Mohn bestreuen. Das Brot auf der mittleren Schiene nun etwa eine Stunde backen.

5 Das Brot nun aus der Form stülpen. Klingt es hohl, ist es gut. Ansonsten muss es ein paar weitere Minuten im Ofen durchbacken. Zum Schluss vollkommen auskühlen lassen.

ZUCCHINI-PORRIDGE-BROT

1 Laib

10 Min. + 1 Std. Ruhen + 80 Min. Backen

Leicht

Zutaten

400 g Weizenvollkornmehl
270 g Haferflocken
150 g Zucchini
40 g frische Hefe
560 ml lauwarmes Wasser
2 TL Salz

Küchenutensilien

1 Reibe
1 Schüssel
1 Kastenform
Backpapier
Backofen

Nährwerte p. P.

147 kcal
26 g Kohlenhydrate
2 g Fett
6 g Eiweiß

1 Die Zucchini schälen und raspeln.

2 In einer Schüssel die Hefe im Wasser auflösen. Die restlichen Zutaten untermengen und alles zu einem leichten Teig verrühren.

3 Den Teig in die mit Backpapier ausgelegte Kastenform geben. Das Ganze zugedeckt etwa eine Stunde an einem warmen Standort ruhen lassen.

4 Den Backofen auf 190 °C Ober-/Unterhitze vorheizen. Das Brot etwa 70 - 80 Minuten backen.

Tipp: Die Zucchini lässt sich perfekt durch jedwedes Gemüse ersetzen. So entsteht eine bunte wie nahrhafte Abwechslung.

KERNIGE HAFERSTANGEN

25 Stk. | 25 Min. + 45 Min. Backen | Leicht

Zutaten

300 g Dinkelvollkornmehl
150 g kernige Haferflocken
125 g vegane Margarine
220 ml Haferdrink
3 EL gehackte Nüsse nach Wahl (oder eine Mischung)
2 EL Kürbiskerne
1 TL Salz

Küchenutensilien

1 Schüssel
1 Teigroller
1 Backblech
Backpapier
Backofen

Nährwerte p. P.

124 kcal
12 g Kohlenhydrate
7 g Fett
4 g Eiweiß

1 Den Backofen auf 190 °C Ober-/Unterhitze vorheizen sowie das Blech mit Backpapier auslegen.

2 In einer Schüssel das Mehl, 200 ml Haferdrink und die Flocken miteinander vermengen. Margarine und Salz hinzufügen und alles gut durchkneten. Es soll ein glatter Teig entstehen. Das Ganze etwa 15 Minuten ruhen lassen.

3 Den Teig auf dem Backblech ausrollen und mit dem übrigen Haferdrink bestreichen. Mittels Teigroller circa 2 cm breite und etwa 18 - 20 cm lange Streifen erstellen.

4 Die Stangen mit den Kernen und Nüssen bestreuen. Es darf gern angedrückt werden. Die Porridgestangen auf der mittleren Schiene nun circa 45 Minuten backen.

PORRIDGE-BRATAPFEL

2 Pers.

40 Min.

Leicht

Zutaten

100 g zarte Haferflocken
50 g Rosinen
50 g Butter
3 g Zimtpulver
3 g Lebkuchengewürz
600 ml heißes Wasser
2 große Äpfel
10 Tropfen Bittermandelaroma
2 Prisen Kardamompulver

Küchenutensilien

1 Topf
1 Backblech
Backofen

Nährwerte p. P.

443 kcal
47 g Kohlenhydrate
25 g Fett
8 g Eiweiß

1 Die Haferflocken in einem Topf im heißen Wasser für fünf Minuten quellen lassen. Anschließend aufkochen und auf minimaler Herdstufe für etwa fünf Minuten köcheln lassen.

2 Die Äpfel heiß abspülen und abtrocknen. Im oberen Viertel den Apfel aufschneiden. Das Kerngehäuse aus dem Inneren herauslösen und die Blüte abschneiden.

3 Den Backofen auf 180 °C Ober-/Unterhitze aufheizen. In einer Schüssel das Mandelaroma sowie die Gewürze mit den Flocken vermengen. Nun die Rosinen unterheben.

4 Die Masse in die Äpfel füllen. Die Butter je zur Hälfte als Abschluss der Füllung auftragen. Die Bratäpfel für etwa 20 Minuten auf dem Blech im Ofen backen.

PORRIDGE-MÖHREN-KUCHEN

8 Pers.

15 Min. + 35 Min. Backen

Leicht

Zutaten

200 g Möhren
200 g Haferflocken
100 g gemahlene Nüsse (oder Mandeln)
100 g Apfelmark
100 g Cashewnüsse (1 - 2 Stunden in Wasser eingeweicht)
70 g Zucker
50 g gehackte Walnüsse
40 g Leinsamen
150 ml Pflanzendrink (Hafer- oder Sojadrink)
3 EL frisch gepresster Orangensaft
2 EL Honig
2 EL Sojajoghurt
1 EL Apfelessig
2 TL Zimtpulver
1 TL Backpulver
1 TL Johannisbrotkernmehl
1 TL gemahlene Bourbon-Vanille
1 Prise Salz

Nährwerte p. P.

295 kcal
24 g Kohlenhydrate
19 g Fett
7 g Eiweiß

1 Den Backofen auf 190 °C Ober-/Unterhitze vorheizen sowie die Form mit Backpapier auskleiden. Die Möhren schälen und raspeln.

2 In einer Schüssel die Haferflocken mit den Nüssen, Leinsamen, Zucker und Zimt vermischen. Backpulver und Salz daruntermengen. Nun Pflanzendrink, Apfelmark, Essig und zwei Esslöffel Orangensaft mit dem Schüsselinhalt vermischen.

3 Wenn sich eine homogene Masse bildet, Möhren und Walnüsse unterheben. Den Teig in die Form füllen und glattstreichen. Das Ganze nun 35 Minuten im Ofen backen.

4 In einem Standmixer die restlichen Zutaten zu einer leichten Creme verarbeiten. Den fertigen Kuchen mit diesem Frosting bestreichen.

BAKED PORRIDGE

2 Pers. | 25 Min. + 25 Min. Backen | Leicht

Zutaten

250 g Porridge-Grundrezept
100 g gehackte Walnusskerne
350 ml naturtrüber Apfelsaft
350 ml Haferdrink
2 Äpfel
1 TL Zimtpulver
1 TL Ingwerpulver

Küchenutensilien

1 Auflaufform
Backofen

Nährwerte p. P.

551 kcal
52 g Kohlenhydrate
30 g Fett
17 g Eiweiß

1 Den Backofen auf 180 °C Ober-/Unterhitze vorheizen. Die Äpfel schälen, vierteln und vom Kerngehäuse befreien. Anschließend raspeln.

2 In einer Auflaufform das Porridge und die Apfelraspel gut vermischen. Anschließend Drink und Saft angießen, die Gewürzen dazugeben, gut umrühren und das Ganze zehn Minuten quellen lassen.

3 Zum Schluss mit den Nüssen bestreuen und die Speise 20 Minuten im Ofen auf der mittleren Schiene backen.

ZIMTSCHNECKEN

2 Pers. | 30 Min. + 15 Min. Backzeit | Mittel

Zutaten

200 g Haferflocken
150 ml Milch
2 Äpfel
1 Packung frischer Hefeteig (aus dem Kühlregal)
2 EL Butter
2 EL Vollrohrzucker
1 EL Puderzucker
1 TL Zimt

Küchenutensilien

2 Töpfe
1 Backblech
Backpapier
Backofen

Nährwerte p. P.

326 kcal
42 g Kohlenhydrate
13 g Fett
11 g Eiweiß

1 Den Backofen auf 200 °C Ober-/Unterhitze vorheizen und das Backblech mit Backpapier auslegen. Die Milch in einem Topf erhitzen. Darin 150 g der Flocken etwa zehn Minuten quellen lassen.

2 Die Butter im zweiten Topf schmelzen und Zimt sowie Zucker einrühren.

3 Die Äpfel waschen, vierteln und vom Gehäuse befreien. Anschließend klein würfeln.

4 Den Teig auf einer bemehlten Fläche ausrollen. Darauf die Buttermischung großzügig verteilen. Einen Esslöffel Butter zurückbehalten. Als Füllung dienen Porridge und Apfelstücke. Den Teig von der kurzen Seite aus einrollen.

5 Die Teigrolle mit der übrigen Butter einstreichen. Die restlichen Haferflocken klein hacken und die Rolle darin wälzen.

6 Die Zimtschnecken auf dem Blech nun etwa 15 Minuten auf der mittleren Schiene backen. Final das Ganze mit dem Puderzucker bestreuen.

PORRIDGERIEGEL

12 Riegel

20 Min.
+
1 Std.
Backen

Leicht

Zutaten

200 g Haferflocken
120 g Bienenhonig
20 g getrocknete Himbeeren
20 g getrocknete Erdbeeren
100 ml Milch
8 getrocknete Aprikosen
1 Banane
1 EL Mohnsamen
1 TL Zimtpulver

Küchenutensilien

2 Schüsseln
1 Standmixer
1 Backblech
Backpapier
Backofen

Nährwerte p. P.

139 kcal
28 g Kohlenhydrate
2 g Fett
3 g Eiweiß

1 In einer Schüssel die Flocken in der Milch für etwa 8 - 10 Minuten quellen lassen. Das Porridge soll eher dickflüssig werden.

2 Den Backofen auf 135 °C Ober-/Unterhitze vorheizen sowie das Backblech mit dem Backpapier belegen. Die getrockneten Früchte grob hacken.

3 In der zweiten Schüssel die Früchte mit dem Porridge vermengen.

4 Die Banane schälen und grob zerkleinern. Anschließend in einem Standmixer mit Honig und Zimt fein pürieren. Diese Masse unter das Porridge heben.

5 Die Masse nun gleichmäßig auf dem Blech verteilen und circa 40 Minuten backen. Danach den Teig in Riegeln schneiden und diese weitere 20 Minuten backen.

Hauptgerichte mit Fleisch & Geflügel

HÄHNCHENBRUST MIT HAFERCRUMBLE

4 Pers.

30 Min.

Leicht

Zutaten

300 g Spinat
250 g Hähnchenbrust
150 g zarte Haferflocken
10 g Sesammehl
600 ml Wasser
2 Kartoffeln
1 Ei
3 TL Gemüsebrühe
1 TL Chili (oder Harissa)
1 Prise Salz
1 Prise Pfeffer

Küchenutensilien

1 Topf
1 Reibe
1 Schüssel
1 Backblech
Backpapier
Backofen

Nährwerte p. P.

292 kcal
27 g Kohlenhydrate
9 g Fett
24 g Eiweiß

1 Den Spinat waschen, abtrocknen sowie grob hacken. Den Spinat in einem Topf mit Haferflocken, Brühe und Wasser aufkochen und auf niedriger Herdstufe alles zehn Minuten köcheln lassen.

2 Die Hähnchenbrust abspülen, trocken tupfen sowie mundgerecht zurechtschneiden.

3 Die Kartoffeln schälen und mit der Reibe raspeln. Die Raspel in einer Schüssel mit dem Mehl und dem aufgeschlagenen Ei vermischen.

4 Den Backofen auf 180 °C Ober-/Unterhitze vorheizen sowie das Blech mit Backpapier belegen. Dem Schüsselinhalt nun noch das Fleisch sowie das Porridge unterrühren. Alles mit den Gewürzen abschmecken.

5 Das Hähnchen-Hafercrumble in etwa 15 Minuten im Ofen knusprig backen. Das Backblech sollte nicht zu dicht belegt werden.

SCHWEINEFILET IM SPECKMANTEL AN KÜRBISPORRIDE

4 Pers.

1 Std. 45 Min.

Leicht

Zutaten

1 kg Schweinefilet (etwa 4 Stück à 250 g)
250 g Haferflocken
150 g Walnusskerne
500 ml Milch
500 ml Roséwein
75 ml dunkler Waldhonig
12 Speckscheiben
5 Rosmarinzweige
4 Birnen
2 Porreestangen
1 Hokkaidokürbis
8 EL Balsamessig
8 EL Rapsöl
2 Prisen Salz
2 Prisen Pfeffer

Küchenutensilien

1 Auflaufform
1 Pfanne
1 Schüssel
1 Topf
Backofen

1 Den Backofen auf 180 °C Umluft vorheizen. Den Kürbis vierteln, entkernen sowie in circa 5 cm dicke Würfel schneiden. Den Porree putzen und in Ringe schneiden. Den Rosmarin waschen, trocken schütteln und dessen Nadeln ablösen.

2 Kürbis, Porree und die Hälfte der Rosmarinnadeln in eine Auflaufform geben. Alles mit je einer Prise Salz und Pfeffer würzen. Das Ganze mit sechs Esslöffeln Öl übergießen und erst einmal für 30 Minuten backen. Anschließend die Temperatur auf 100 °C herunterdrehen.

3 Das Fleisch waschen, trocken tupfen sowie entsprechend der Auflaufform in passende Stücke schneiden. Jedes Filet mit Speckscheiben einwickeln. Die Schweinefilets nun in einer Pfanne im restlichen Öl scharf anbraten. Sie sollten nur etwa 5 - 6 Minuten in der Pfanne bleiben.

4 Den Sud aus der Pfanne in einer Schüssel mit dem Wein mischen. Balsamessig sowie je eine Prise Salz und Pfeffer gut mischen. Das Ganze in circa zehn Minuten um die Hälfte reduzieren. Es sollte eine dunkle Soße entstehen.

5 Die Birnen waschen, vierteln und entkernen. Das Fleisch auf das Gemüsebett in der Ofenform legen und die Birnen drumherum verteilen. Das Ganze mit der Soße

Nährwerte p. P.

1063 kcal
64 g Kohlenhydrate
53 g Fett
65 g Eiweiß

übergießen. Wenn der Ofen auf 100 °C abgekühlt ist, kommt die Auflaufform erneut für 30 Minuten in den Ofen.

6 Derweil Milch und Haferflocken in einem Topf aufkochen und etwa 8 - 10 Minuten bei niedriger Hitze köcheln lassen. Es soll ein festes Porridge entstehen.

7 Final die Walnüsse hacken. Die restlichen Rosmarinnadeln mit den Nüssen in der Pfanne anrösten. Sobald es duftet, den Honig darüber träufeln.

8 Das Fleisch entnehmen. Die Hälfte des Gemüses aus der Form dem Porridge unterrühren. Den Kürbis-Haferbrei auf dem Teller verteilen. Seitlich darauf das Schwein drapieren. Die restlichen Gemüsestücke dienen als zusätzliche Beilage. Als Garnierung der Filets das süße Nuss-Honig-Topping auf das Fleisch geben.

GEMÜSEPFANNE MIT RINDERFILET

2 Pers. 35 Min. Leicht

Zutaten

300 g Brokkoli
200 g Rinderfilet
100 g Haferflocken
400 ml Gemüsebrühe
2 Frühlingszwiebeln
1 Stange Sellerie
1 rote Peperoni
1 TL Currypulver
1 TL Harissa
1 TL gehackter Rosmarin
1 TL Olivenöl
1 Prise Salz
1 Prise Pfeffer

Küchenutensilien

1 Pfanne
1 Topf

Nährwerte p. P.

573 kcal
37 g Kohlenhydrate
31 g Fett
34 g Eiweiß

1 Die Frühlingszwiebeln putzen und in Ringe schneiden. Den Sellerie putzen und in kleine Würfel schneiden. Den Brokkoli waschen sowie die Röschen teilen. Peperoni putzen, halbieren und deren Kerne auslösen. Anschließend in Streifen schneiden.

2 Das Fleisch abspülen, trocken tupfen und in mundgerechte Streifen oder Würfeln schneiden.

3 In einer Pfanne das Öl erhitzen. Bei hoher Temperatur das Rinderfilet darin circa drei Minuten scharf anbraten. Dann salzen, pfeffern und aus der Pfanne nehmen.

4 Derweil die Haferflocken in der Brühe in einem Topf quellen lassen.

5 Im Bratensatz der Pfanne die Gemüsezutaten aus Schritt 1 etwa fünf Minuten anbraten. Den Pfanneninhalt ebenfalls salzen und pfeffern. Anschließend die restlichen Gewürze untermengen.

6 Porridge und Gemüsepfanne vermischen. Das Ganze etwa zehn Minuten einköcheln lassen. Final das Rindfleisch der Pfanne unterheben und etwa 2 - 3 Minuten erwärmen.

SCHWEINEBAUCH AN PORRIDGE

2 Pers.

50 Min.
+
30 Min.
Marinieren

Leicht

Zutaten

400 g Schweinebauch (ohne Schwarte)
100 g kernige Haferflocken
30 g Cheddar
1,5 l Wasser
500 ml Hühnerbrühe
2 Eier
1 Knoblauchzehe
½ Bund glatte Petersilie
5 EL Weißweinessig
3 EL Olivenöl
2 EL Sojasoße
1 EL Worcestershiresoße
1 EL Ketchup
1 EL Honig
1 EL Zitronensaft
2 Prisen Salz
2 Prisen schwarzer Pfeffer

Küchenutensilien

2 Schüsseln
1 Reibe
1 Kochtopf
1 Kochlöffel
1 Topf
Backofen

1 Das Fleisch abspülen und trocken tupfen. Anschließend quer halbieren und in circa 1 cm dicke Scheiben schneiden.

2 Den Knoblauch schälen und in eine Schüssel pressen. Die Soßen, Ketchup, Honig sowie Zitronensaft mit dem Knoblauch vermengen. Das Fleisch in dieser Marinade etwa 30 Minuten im Kühlschrank ziehen lassen.

3 Derweil den Käse reiben. Die Petersilie abspülen, trocken schütteln und deren abgezupfte Blätter in der zweiten Schüssel in das Öl eintauchen.

4 Den Backofen auf die höchste Grillstufe vorheizen. Das Fleisch aus dem Kühlschrank nehmen und mit je einer Prise gesalzen sowie gepfeffert. Das Ganze im Ofen 12 - 15 Minuten knusprig garen. Es sollte nur einmal gewendet werden. Die ölige Petersilie in der letzten Minute obenauf legen.

5 Währenddessen einen Mix aus Wasser und Essig in einem Kochtopf aufkochen. Den Topf vom Herd nehmen und die Eier darin pochieren. Diese dafür einzeln aufschlagen. Mittels Kochlöffel im Topf einen Strudel erzeugen, in dem sich die Eier drehen und das Eiklar das Eigelb tanzend umschließt. Sie sollten 4 - 5 Minuten auf dem Herd garen.

6 Nun die Brühe im zweiten Topf aufkochen. Darin die Flocken bei stetem Umrühren auf mittlerer Stufe circa zehn

Nährwerte p. P.

783 kcal
23 g Kohlenhydrate
66 g Fett
24 g Eiweiß

Minuten köcheln. Den Käse in diesen sämigen Brei rühren. Zum Schluss das Porridge mit je einer Prise Salz und Pfeffer würzen.

7 Das Fleisch auf dem Porridge und die Eier daneben anrichten.

BBQ-PORRIDGE

4 Pers. 20 Min. Leicht

Zutaten

300 g Vollkornhaferflocken
1 l Hafermilch
4 Scheiben Speck
2 Paprika
1 Zwiebel
1 Tomate
3 EL Grillöl
1 TL Kräutersalz
½ TL geräuchertes Paprikapulver
1 Prise Pfeffer

Küchenutensilien

1 Topf
1 Pfanne

Nährwerte p. P.

489 kcal
60 g Kohlenhydrate
19 g Fett
18 g Eiweiß

1 Die Milch in einem Topf aufkochen und gleich vom Herd nehmen. Nun die Haferflocken hineingeben. Sämtliche Gewürze untermischen und alles 10 - 12 Minuten ruhen lassen.

2 Die Paprika waschen, halbieren und Kerne sowie Häutchen entnehmen. Anschließend in Streifen schneiden. Die Zwiebel schälen und klein hacken. Die Tomate waschen, halbieren und deren Blütenansatz herausschneiden. Anschließend klein würfeln.

3 In der Pfanne das Gemüse im Öl kurz anbraten und zum Schluss über dem Porridge verteilen.

Tipp: Diese Speise funktioniert ebenso hervorragend als Beilage zu verschiedenen Fleischgerichten.

THAILÄNDISCHES PORRIDGEHÄHNCHEN

2 Pers.

30 Min.

Leicht

Zutaten

100 g kernige Haferflocken
400 ml Geflügelbrühe
3 Stangen Zitronengras
2 Möhren
1 Hähnchenbrust
Saft 1 Zitrone
1 Stück Ingwer (etwa 2 cm)
½ Peperoni
½ Handvoll Cashewkerne
6 EL Kokosmilch
2 EL Kokosflocken
2 EL Rapsöl
1 TL edelsüßes Paprikapulver
1 Prise Salz

Küchenutensilien

2 Töpfe
1 Pfanne
Backofen

Nährwerte p. P.

691 kcal
37 g Kohlenhydrate
45 g Fett
34 g Eiweiß

1 Das Fleisch abspülen, trocken tupfen und eventuell von Sehnen befreien.

2 Die Cashewkerne grob hacken. In einem Topf 100 ml der Brühe aufkochen. Die Haferflocken mit dem Cashewmehl darin nun für 8 - 10 Minuten quellen lassen.

3 Derweil in einer Pfanne einen Esslöffel Öl erhitzen. Darin das Hähnchenfleisch kurz von beiden Seiten scharf anbraten.

4 Den Backofen auf 180 °C Umluft vorheizen. Möhren und Ingwer schälen sowie anschließend raspeln. Peperoni putzen und in kleine Ringe schneiden.

5 Im anderen Topf nun einen Esslöffel Öl erhitzen und darin das Gemüse anschwitzen. Paprikapulver unterrühren und die heiß abgewaschene Zitrone darin auspressen. Das Ganze mit dem restlichen Fond ablöschen und vor sich hin köcheln lassen.

6 Das Zitronengras putzen und mit einem Messer der Länge nach aufschneiden. Die Stängel mit der Milch und den Kokosflocken zum Gemüse geben. Nach 15 Minuten auf mittlerer Temperatur sollte die Flüssigkeit verdampft sein. Jetzt das Porridge mit der Gemüsepfanne verrühren.

7 Das Hähnchen währenddessen salzen und für 8 - 10 Minuten samt Pfanne in den Ofen stellen.

8 Das Fleisch aus dem Ofen nehmen und mit dem Porridge bedecken. Alternativ darf es auch die letzten drei Minuten der Garzeit des Hähnchens als Decke auf dem Fleisch verstrichen werden. So entsteht eine Art Kruste.

HÄHNCHEN IM PORRIDGEMANTEL

4 Pers. 45 Min. Leicht

Zutaten

400 g Basmatireis
140 g Vollkornmehl
125 g Butter
100 g zarte Haferflocken
30 g Cornflakes
500 ml Wasser
100 ml Milch
40 ml Rapsöl
2 Hähnchenbrüste (mit Haut)
2 Eier
½ Ananas
½ Mango
¼ Bund Petersilie
1 EL gelbes Currypulver
1 TL Zucker
1 Schuss Orangensaft
1 Prise Salz

Küchenutensilien

2 Töpfe
2 Pfannen
1 Schüssel
1 Kochtopf
1 Backblech
Küchenpapier
Backpapier
Backofen

1 Den Backofen auf 160 °C vorheizen und das Backblech mit Backpapier auskleiden. In einer Pfanne die zerstoßenen Flakes ohne Fett zwischen niedriger und mittlerer Temperatur anrösten. Die Haferflocken derweil in der Schüssel mit der Milch und einem aufgeschlagenen Ei zu einer dickflüssigen Masse quellen lassen.

2 Die Haut der Hähnchenbrüste mit einem scharfen Messer abziehen, auf das Backpapier legen und mit diesem umhüllen. Ein Topf dient zum Beschweren für eine glatte Haut. Das Blech für 22 - 25 Minuten in den Ofen schieben.

3 Die exotischen Früchte schälen und von Stein beziehungsweise Strunk befreien. Anschließend in circa 1 cm große Würfel schneiden.

4 Den Reis in einem Kochtopf mit Wasser nach Gebrauchsanweisung etwa 12 - 15 Minuten garen. In einem weiteren Topf die Butter für die Hollandaise schmelzen.

5 Jetzt die Cornflakes und das Mehl dem Porridge untermengen.

6 In der Pfanne das Öl erhitzen und die Hähnchenbrüste darin beidseitig anbraten und anschließend salzen.

7 Jetzt den Porridgemantel um das Fleisch drücken. Das Fleisch bei mittlerer Temperatur für acht Minuten auf einer Seite in die Pfanne geben. Das Fleisch anschließend

Nährwerte p. P.

985 kcal
110 g Kohlenhydrate
42 g Fett
40 g Eiweiß

wenden. Die Panade wird nicht so fest, wie es für ein klassisches Schnitzel gewöhnlich ist.

8 Den Reis entnehmen und die Früchte untermengen.

9 Nun das letzte Ei trennen und das Eigelb in die zweite Pfanne geben. Die Temperatur langsam erhöhen und den Orangensaft hinzugeben. Die Flüssigkeit etwa 5 - 8 Minuten eindicken lassen. Es darf nicht dampfen. Erst jetzt die abgekühlte Butter in einem dünnen Strahl dem Pfanneninhalt zugeben. Es soll eine cremige Konsistenz entstehen. Dann mit Zucker und Curry würzen.

10 Abschließend die Haut aus dem Ofen nehmen und mit Küchenpapier abtupfen. Das Hähnchen in schräge Streifen schneiden und auf dem fruchtigen Reis anrichten. Darauf die Knusperhaut legen und darüber die Soße geben.

Hauptgerichte mit Fisch & Meeresfrüchten

FISCH MIT GEMÜSE-CURRY-PORRIDGE

2 Pers.

25 Min.

Leicht

Zutaten

150 g Haferflocken
450 ml Wasser
200 ml Milch
100 ml Crème fraîche
8 Kirschtomaten
4 Möhren
2 Fischfilets
1 Lauchstange
1 grüne Paprika
1 Knoblauchzehe
1 Handvoll Schnittlauchröllchen
3 EL Currypulver
2 EL Ahornsirup
2 EL Rapsöl
2 Prisen Salz
2 Prisen Pfeffer

Küchenutensilien

3 Töpfe
1 Schüssel
1 Pfanne

Nährwerte p. P.

856 kcal
63 g Kohlenhydrate
41 g Fett
57 g Eiweiß

1 Den Fisch abspülen und abtupfen. In einer Schüssel die Filets in einer Mischung aus je einem Esslöffel Öl, Wasser und Curry sowie je einer Prise Salz und Pfeffer marinieren.

2 Währenddessen die Möhren schälen, deren Enden abschneiden und längs vierteln. Den Lauch putzen, halbieren und in Halbringe schneiden. Die Paprika waschen, vierteln sowie von Kernen und Häutchen befreien. Anschließend in Stücke schneiden. Die Tomaten waschen und vierteln.

3 Das Wasser in einem Topf aufkochen. Darin die Möhren circa zehn Minuten bissfest köcheln. Die Haferflocken derweil in der Milch im zweiten Topf etwa 5 - 7 Minuten bei geringer Temperatur erhitzen.

4 Den Knoblauch schälen, klein hacken und mit dem Lauch sowie dem übrigen Öl in den dritten Topf geben. Das Ganze fünf Minuten glasig andünsten. Anschließend die Paprika hinzufügen und 1 - 2 Minuten mitdünsten.

5 In einer Pfanne den Fisch mit dem restlichen Öl je zwei Minuten von beiden Seiten scharf anbraten.

6 Das restliche Curry, die Tomaten und 250 ml Wasser in den Paprikatopf geben. Die Crème fraîche ganz vorsichtig unterrühren. Jetzt das eingedickte Porridge unterrühren. Das Ganze bei gelegentlichem Umrühren circa drei Minuten köcheln.

7 Vor dem Servieren das Curry nochmals salzen, pfeffern und gut umrühren. Die abgegossenen Möhren derweil im Sirup schwenken. Das Gericht mit den Schnittlauchröllchen garnieren.

THUNFISCH-PORRIDGE

2 Pers. 20 Min. Leicht

Zutaten

100 g Haferflocken
50 g Oliven (möglichst entsteint)
500 ml Gemüsebrühe
2 Eier
1 Dose Thunfisch (in eigenem Saft)
1 Zwiebel

Küchenutensilien

2 Töpfe

Nährwerte p. P.

655 kcal
35 g Kohlenhydrate
24 g Fett
50 g Eiweiß

1 Die Brühe als Erstes in einem Topf aufkochen. Die Haferflocken hineinrühren und bei stetem Rühren und mittlerer Hitze etwa fünf Minuten köcheln lassen.

2 Im zweiten Topf die Eier circa sieben Minuten kochen. Danach die Eier pellen und nach Vorliebe halbieren oder in Scheiben schneiden.

3 Die Zwiebel schälen und in dünne Ringe schneiden. Anschließend unter die Haferflocken heben und das Porridge nun abgedeckt weitere fünf Minuten köcheln lassen.

4 Die Oliven halbieren. Den Fisch im Sieb abtropfen lassen. Die Flüssigkeit lässt sich hervorragend dem Porridge untermengen.

5 Den Thunfisch entweder in das Porridge rühren oder separat daneben anrichten. Die Eier und Oliven dienen als Garnierung.

LACHS-BOWL

 2 Pers.
 1 Std.
 Leicht

Zutaten

200 g roher Lachs
150 g Haferflocken
300 ml Wasser
1 Möhre
1 Avocado
1 Frühlingszwiebel
1 Knoblauchzehe
1 Stück Ingwer (etwa 1 cm)
½ Salatgurke
1 EL Sojasoße
1 EL Sesamöl
½ EL Chiliflocken
2 TL Sesam
1 TL Honig

Küchenutensilien

1 Schüssel
1 Topf
1 Pfanne

Nährwerte p. P.

884 kcal
53 g Kohlenhydrate
57 g Fett
35 g Eiweiß

1 Ingwer und Knoblauch schälen sowie fein hacken. Die Frühlingszwiebel putzen und in dünne Ringe schneiden. Die vorbereiteten Zutaten in einer Schüssel mit Sojasoße und Sesamöl vermischen. Honig und Chiliflocken dazugeben und alles gut umrühren.

2 Den Lachs waschen, abtupfen sowie in kleine Stücke schneiden. Anschließend in der Schüssel etwa 30 Minuten im Kühlschrank marinieren.

3 Die Haferflocken derweil im Wassertopf etwa fünf Minuten köcheln. Nebenbei den Sesam ohne Fett in der Pfanne anrösten.

4 Die Avocado halbieren, entsteinen sowie das Fruchtfleisch ausschaben. Eine Hälfte in Würfel und die andere Hälfte in Scheiben schneiden. Die Gurke putzen, schälen und der Länge nach halbieren. Anschließend in dünne Scheiben schneiden. Die Möhre schälen und in Scheiben schneiden.

5 Die Basis bildet nun der Porridge. Darauf die Lachsstücke arrangieren. Rundherum die Gemüsescheiben anrichten. Final das Ganze mit dem Sesam bestreuen.

KRABBENTOPF

1 Pers. 15 Min. Leicht

Zutaten

75 g Haferflocken
50 g Nordseekrabben
50 g Zucchini
50 g Karotten
35 g rote Zwiebel
15 g Frischkäse
200 ml Gemüsebrühe
1 TL Olivenöl
1 TL Kokosöl
1 TL Dillspitzen
½ TL Sahne-Meerrettich
1 Spritzer Zitronensaft

Küchenutensilien

1 Topf
1 Pfanne

Nährwerte p. P.

532 kcal
47 g Kohlenhydrate
31 g Fett
20 g Eiweiß

1 Zucchini sowie Möhren schälen und in kleine Würfel schneiden. Die Zwiebel schälen und fein hacken.

2 Das Kokosöl in einem Topf erwärmen. Die Zwiebeln dazugeben und glasig andünsten. Möhre und Zucchini dazugeben und das Ganze circa 3 - 4 Minuten anbraten.

3 Anschließend mit der Brühe ablöschen. Den Topfinhalt nochmals aufkochen. Dann die Speise vom Herd nehmen und die Haferflocken unterrühren. Das Ganze etwa fünf Minuten quellen lassen.

4 Die Krabben abspülen und eventuell deren Schale lösen und den Darm entfernen. Anschließend im Olivenöl kurz anbraten.

5 Dem Porridge Frischkäse, Meerrettich und Dill untermischen, salzen und pfeffern.

6 Zum Schluss die Krabben auf dem Porridge arrangieren und mit einem Spritzer Zitronensaft veredeln.

IRISCHES KARTOFFEL-PORRIDGE

2 Pers.

25 Min.

Leicht

Zutaten

100 g Haferflocken
100 g Kartoffeln
100 g Fisch
100 g Tomaten
100 g Zwiebeln
500 ml Wasser
1 Chili
1 TL Kurkuma
1 TL Ingwerpulver
1 TL Pflanzenöl
1 Prise Salz

Küchenutensilien

1 Topf

Nährwerte p. P.

581 kcal
45 g Kohlenhydrate
13 g Fett
37 g Eiweiß

1 Die Kartoffeln schälen, waschen und in kleine Stücke schneiden. Den Fisch abspülen, trocken tupfen sowie eventuell häuten beziehungsweise entgräten. Anschließend in mundgerechte Stücke schneiden.

2 Die Tomaten waschen und anschließend klein schneiden. Die Chili putzen, halbieren, deren Kerne entfernen und ebenfalls klein schneiden. Die Zwiebeln schälen und klein hacken.

3 Das Öl in einem Topf erhitzen. Darin die Zwiebeln glasig andünsten. Tomaten und Chili hinzufügen. Den Fisch untermengen und alles mit Wasser aufgießen.

4 Die Gewürze sowie die Haferflocken einstreuen. Die Kartoffeln hinzugeben und alles etwa 15 Minuten köcheln lassen.

KROSSE GARNELEN

 2 Pers.

 45 Min.

Leicht

Zutaten

50 g Vollkornmehl
500 ml Frittieröl
200 ml Rapsöl
200 ml Wasser
6 grüne Spargelstangen
6 frische Garnelen (ohne Schale + Kopf)
6 Korianderstiele
2 Schalotten
2 Eier
8 EL Haferflocken
1 TL Wasabipaste
1 Schuss Weißweinessig
3 Prisen Salz
1 Prise Pfeffer

Küchenutensilien

2 Pfannen
3 Schüsseln
1 Topf
1 Kochtopf
1 Handmixer

Nährwerte p. P.

810 kcal
18 g Kohlenhydrate
75 g Fett
17 g Eiweiß

1 Die Schalotten schälen und in feine Würfel schneiden. Anschließend in einem Teelöffel Rapsöl in einer Pfanne glasig andünsten.

2 In einer Schüssel die Haferflocken in der Milch quellen lassen. Sie sollten nach zwölf Minuten fertig und richtig sämig sein. Damit das Ganze später nicht zu flüssig wird, nach dem Quellen das Mehl und ein Ei unterrühren.

3 In einem Topf Wasser mit einer Prise Salz aufkochen. Den Spargel schälen, abspülen und von den holzigen Enden befreien. Anschließend in etwa 8 cm lange, diagonal eingeschnittene Stücke schneiden und diese für drei Minuten in den Topf geben. Abschließend in einer Schüssel mit kaltem Wasser abschrecken.

4 Koriander waschen, abtrocknen sowie klein hacken. Die Garnelen abspülen, trocken tupfen sowie am Rücken einschneiden. Diese nun in einem Esslöffel Rapsöl für 3 - 4 Minuten in der Pfanne mit der Hälfte des Korianders anbraten. Danach mit einer Prise Salz gut würzen.

5 Derweil das übrige Ei, das restliche Rapsöl, eine Prise Salz und die Wasabipaste mit einem Handmixer in einer Schüssel gut vermischen. Langsames Hoch- und Herunterfahren mit dem Gerät ermöglicht eine besondere Cremigkeit. Erst wenn die Soße cremig ist, den Essig bei stetem Rühren untermischen.

6 Im großen Kochtopf das Frittieröl aufheizen. Derweil die Zwiebeln mit dem Spargel gut gemischt in der Pfanne erwärmen.

7 Die Garnelen mit dem festen Porridge umhüllen. Die Garnelen nun für etwa zwei Minuten in das heiße Öl geben. Anschließend auf dem Küchenpapier abtropfen lassen und mit dem Zwiebelspargel anrichten. Darüber die Wasabi-Mayonnaise geben und den Rest Koriander streuen.

Vegetarische Hauptgerichte

PORRIDGE SCHWEIZER ART

4 Pers. 20 Min. Leicht

Zutaten

200 g Haferflocken
200 g Käse nach Wahl
20 g Butter
1 l Milch
1 EL Zimt
1 EL Zucker

Küchenutensilien
1 Pfanne
1 Reibe

Nährwerte p. P.

373 kcal
42 g Kohlenhydrate
17 g Fett
15 g Eiweiß

1 In einer Pfanne Milch und Butter erhitzen und dabei gut vermengen. Die Haferflocken hinzugeben und alles bei stetem Umrühren etwa zehn Minuten einkochen.

2 Derweil den Käse eventuell von der Rinde befreien und anschließend raspeln. Die Käseraspel dem Porridge untermengen. Das Ganze noch weitere fünf Minuten quellen lassen.

3 Final die Speise mit Zucker und Zimt bestreuen.

GEMÜSE-PORRIDGE

2 Pers. 25 Min. Leicht

Zutaten

300 g Gemüsemix (Brokkoli, Kartoffel, Möhren etc.)
100 g zarte Haferflocken
400 ml Wasser
50 ml Sahne (oder 2 EL Joghurt)
¼ Bund Schnittlauch
½ Knoblauchzehe
1 TL scharfes Paprikapulver
2 Prisen gemahlener schwarzer Pfeffer
2 Prisen Salz

Küchenutensilien

1 Reibe
1 Topf mit Deckel

Nährwerte p. P.

391 kcal
40 g Kohlenhydrate
21 g Fett
12 g Eiweiß

1 Das Gemüse waschen, schälen und anschließend raspeln.

2 Das Wasser im kleinen Topf aufkochen. Die Hitze reduzieren und die Haferflocken einstreuen und salzen. Die Flocken circa fünf Minuten quellen lassen.

3 Die Gemüseraspel unter die Haferflocken rühren und das Ganze mit Deckel zehn Minuten köcheln lassen. Nun den Deckel abnehmen und den Topfinhalt einkochen lassen. Die Knoblauchzehe schälen sowie fein hacken. Den Schnittlauch putzen und in feine Ringe schneiden.

4 Auf niedriger Stufe die Sahne vorsichtig unterrühren. Nun die restlichen Gewürze untermischen. Knoblauch und Schnittlauch ebenso dazugeben. Es sollte nach weiteren fünf Minuten ein leicht nussiges Aroma entstehen.

DEFTIGES EI-PORRIDGE

1 Pers.

15 Min.

Leicht

Zutaten

75 g Haferflocken
10 g Parmesan
300 ml Gemüsebrühe
1 Ei
1 Handvoll Kräuter nach Wahl
2 EL Erbsen
1 TL Butter
1 Prise Salz
1 Prise Pfeffer

Küchenutensilien

1 Topf
1 Reibe

Nährwerte p. P.

591 kcal
37 g Kohlenhydrate
40 g Fett
16 g Eiweiß

1 Das Ei etwa fünf Minuten in der Brühe in einem Topf kochen. Anschließend schälen und vierteln oder in Scheiben schneiden.

2 Die Haferflocken etwa fünf Minuten in der übrigen Brühe köcheln lassen. Es soll eine cremige Masse entstehen. Anschließend die Butter unterrühren.

3 Nun die Erbsen untermischen und alles salzen sowie pfeffern. Den Käse reiben und mit der Masse vermengen. Die Kräuter waschen, trocknen, grob hacken und ebenfalls zum Haferbrei geben. Das Ganze in eine Schüssel geben und mit den Ei-Scheiben garnieren.

Tipp: Wer möchte, streut den Parmesan auf das Porridge. Das Ganze dann etwa 3 - 5 Minuten im Backofen bei 150 °C Ober-/Unterhitze backen.

TOMATEN-PORRIDGE

1 Pers.

10 Min.

Leicht

Zutaten

50 g Haferflocken
250 ml Tomatensaft
50 ml Wasser
1 Avocado
1 Scheibe Käse
1 Scheibe Kochschinken
1 Handvoll Kräuter nach Wahl

Küchenutensilien

1 Topf
1 Schüssel

Nährwerte p. P.

382 kcal
39 g Kohlenhydrate
15 g Fett
23 g Eiweiß

1 Die Kräuter waschen, trocken schütteln sowie grob hacken. In einem Topf den Tomatensaft mit dem Wasser und den Kräutern aufkochen. Alles salzen und pfeffern.

2 Die Avocado halbieren, vom Stein lösen sowie das Fruchtfleisch aus der Schale herauslösen. Anschließend in einer Schüssel mit der Gabel zerdrücken. Käse und Schinken in kleine Stücke schneiden.

3 Die Zutaten aus Schritt 2 mit den Haferflocken in den Topf geben. Das Ganze etwa 5 - 7 Minuten nach Vorliebe einköcheln lassen.

HERZHAFTES KÄSEPORRIDGE

2 Pers.

30 Min.

Leicht

Zutaten

75 g kernige Haferflocken
50 g geriebener Bergkäse
25 g Haferkleie
250 ml Milch
250 ml Wasser
2 Eier
1 Zucchini
2 Handvoll Baby-Spinat
1 Msp. Meersalz

Küchenutensilien

1 Topf
1 Reibe
1 Pfanne

Nährwerte p. P.

414 kcal
37 g Kohlenhydrate
19 g Fett
23 g Eiweiß

1 Die Zucchini putzen, trocknen und grob raspeln. Den Spinat waschen und abtropfen lassen.

2 Die Haferflocken in einem Topf kurz anrösten und mit Milch und Wasser ablöschen. Haferkleie und das Meersalz dazugeben. Alles aufkochen und bei mittlerer Hitze etwa 4 - 6 Minuten köcheln lassen.

3 Den Bergkäse grob reiben und mit dem Spinat und der Zucchini in die Haferspeise geben. Alles gut umrühren und weitere 2 – 4 Minuten köcheln lassen.

4 Den Topf vom Herd nehmen und das herzhafte Porridge nun zehn Minuten quellen lassen.

5 Derweil die Eier aufschlagen und in der Pfanne braten. Das Spiegelei auf dem Porridge platzieren.

PANIERTES GEMÜSE

4 Pers. 45 Min. Leicht

Zutaten

2 Zucchini
2 Auberginen
2 Eier
8 EL Haferflocken
5 EL Weizenvollkornmehl
5 EL gehackte Mandeln (oder zerstoßene Cornflakes)
2 EL Olivenöl
1 Prise edelsüßes Paprikapulver (oder rosenscharf für mehr Schärfe)
1 Prise Salz
1 Prise Pfeffer
1 Prise Zucker

Küchenutensilien

3 Teller
1 Schüssel
1 Pfanne

Nährwerte p. P.

326 kcal
18 g Kohlenhydrate
23 g Fett
12 g Eiweiß

1 Die Haferflocken zerstoßen. Die Eier in einer Schüssel aufschlagen und mit dem Zucker verrühren. Die Haferflocken dazugeben und das Ganze etwa 15 Minuten ruhen lassen.

2 Das Gemüse putzen sowie Strunk und Blüte abschneiden. Anschließend in circa 1 cm dicke Scheiben schneiden. Direkt im Anschluss mit Salz, Pfeffer und Paprikapulver würzen und auf einem Teller etwa fünf Minuten durchziehen lassen.

3 Das Mehl und die Mandeln auf je einen Teller geben. Die einzelnen Gemüsescheiben erst bemehlen, dann im sämigen Ei-Porridge und zum Schluss in den Mandeln wälzen.

4 Das Öl in einer Pfanne erhitzen und die panierten Gemüsetaler 4 - 6 Minuten je Seite goldbraun braten.

GEFÜLLTE PAPRIKA

4 Pers.

45 Min.

Leicht

Zutaten

200 g Gemüse-Porridge (siehe Rezept)
125 g Mozzarella
4 Paprika
2 EL Olivenöl
1 Prise Salz
1 Prise Pfeffer

Küchenutensilien

1 Topf
1 Sieb
1 Auflaufform
Backofen

Nährwerte p. P.

385 kcal
26 g Kohlenhydrate
25 g Fett
16 g Eiweiß

1 Das Porridge nach Rezept zubereiten. Es soll jedoch nur drei Minuten köcheln, da es sich für den Ofen etwas flüssiger besser eignet.

2 Den Backofen auf 180 °C Ober- / Unterhitze vorheizen. Die Paprika putzen, halbieren und deren Kerngehäuse entnehmen. Den Käse im Sieb abtropfen lassen und in Scheiben schneiden.

3 Die Paprikahälften mit Öl bestreichen sowie salzen und pfeffern. Anschließend das Porridge in die Paprikahälften geben und diese in die Auflaufform legen.

4 Das Ganze mit den Mozzarellascheiben bedecken, die Paprika etwa 30 Minuten im Backofen garen. Der Käse sollte zerfließen und eine leicht goldene Farbe annehmen. Wird es zu dunkel, die Paprika mit Folie abdecken.

SPINAT-PILZ-TOPF

2 Pers.

20 Min.

Leicht

Zutaten

200 g Pilze nach Wahl
125 g Spinat
100 g Haferflocken
50 g Feta
350 ml Gemüsebrühe
½ Zwiebel
1 EL Rapsöl
1 Prise Salz
1 Prise Pfeffer
1 Prise Muskat

Küchenutensilien

1 Topf

Nährwerte p. P.

344 kcal
30 g Kohlenhydrate
15 g Fett
16 g Eiweiß

1 Die Zwiebel schälen, klein schneiden und in einem Topf im Rapsöl kurz anschwitzen.

2 Die Pilze putzen und grob zerkleinern. Anschließend mit in den Zwiebeltopf geben und ebenso anschwitzen.

3 Den Spinat waschen, trocken schütteln und verlesen. Dann ebenfalls dem Topfinhalt beimengen. Wenn er leicht zusammenfällt, die Brühe angießen. Jetzt die Flocken hinzufügen und alles aufkochen. Das Ganze bei geringer Hitze bis zur gewünschten Konsistenz einköcheln lassen.

4 Final die Speise mit den Gewürzen abschmecken. Nun den zerbröselten Feta untermischen. Alles gut umrühren und noch einmal 1 - 2 Minuten durchziehen lassen.

PORRIDGE-BRATLINGE

4 Pers.

25 Min.
+
30 Min.
Ruhen

Leicht

Zutaten

200 g körniger Frischkäse
150 g Porridge-Grundrezept
50 g Cornflakes
3 Eier
1 Zwiebel
½ Bund Petersilie
3 EL Pflanzenöl
1 TL Kräutersalz
1 Prise Pfeffer
1 Prise Muskat

Küchenutensilien

1 Pfanne
1 Schüssel

Nährwerte p. P.

323 kcal
21 g Kohlenhydrate
20 g Fett
17 g Eiweiß

1 Die Zwiebel schälen, fein hacken und in der Pfanne in einem Esslöffel Öl glasig andünsten.

2 Die Petersilie waschen, trocken schütteln und klein hacken. Anschließend in einer Schüssel mit dem Porridge, Cornflakes und den aufgeschlagenen Eiern vermengen. Danach den Frischkäse unterheben.

3 Nun die Zwiebel darin vermischen und alles mit den Gewürzen abschmecken. Das Ganze an einem möglichst kühlen Standort circa 30 Minuten ruhen lassen.

4 Die Masse zu kleinen, platten Ovalen formen. Das restliche Öl in der Pfanne erhitzen und darin die Bratlinge beidseitig goldbraun backen.

GEFÜLLTE RAVIOLI

2 Pers.

45 Min.
+
1 Std.
Ruhen

Leicht

Zutaten

200 g glattes Vollkornmehl
100 g Haferflocken
100 g Mozzarella
100 g getrocknete Tomaten
500 ml Wasser
150 ml Milch (oder Wasser)
2 Eier
1 Bund Rucola
2 Handvoll geriebener Parmesan
2 EL Butter
1 EL Olivenöl
1 TL Salz

Küchenutensilien

1 Rührschüssel
1 Topf
1 Sieb
1 Ausstecher nach Formwahl (oder umgedrehtes Glas)
1 Kochtopf
1 Pfanne

Nährwerte p. P.

724 kcal
66 g Kohlenhydrate
39 g Fett
26 g Eiweiß

1 Mehl, aufgeschlagene Eier, zwei Esslöffel Wasser, einen Esslöffel Öl und Salz in einer Schüssel vermischen und etwa 7 - 10 Minuten glatt kneten. Den Teig ruht zugedeckt im Kühlschrank für eine Stunde ruhen lassen.

2 Derweil die Milch in einem Topf erhitzen. Bei niedriger Temperatur die Haferflocken darin sämig einköcheln lassen.

3 Die Tomaten klein stückeln. Den Rucola waschen, trocken schütteln und klein schneiden. Mozzarella im Sieb abtropfen lassen. Alles in der Porridgeschüssel verrühren. Die Hälfte des Parmesans dazugeben. Die Masse sollte grobkörnig fest werden. Das Ganze salzen, pfeffern und nochmals verrühren.

4 Den Teig sehr dünn ausrollen. Jetzt kommen die Ausstecher zur Anwendung. Mittig einen Klecks Füllung auftragen. Die Seiten des Teiges einklappen. Die Ränder mit einer Gabel zusammendrücken.

5 Nun die Ravioli für 2 - 3 Minuten in den Kochtopf mit dem heißen Wasser geben. Sind sie fertig, schwimmen sie oben.

6 Derweil die Butter in der Pfanne schmelzen. Darin die Ravioli kurz schwenken. Vor dem Servieren den restlichen Parmesan darüberstreuen.

Vegane Hauptgerichte

SÜßER HIRSEBREI

4 Pers.

25 Min.

Leicht

Zutaten

350 g Weintrauben
250 g Hirse
100 g Mandelkerne
750 ml Mandeldrink
3 Bananen
1 EL Zimt
4 TL Flüssighonig

Küchenutensilien

1 feines Sieb
1 Topf

Nährwerte p. P.

590 kcal
88 g Kohlenhydrate
19 g Fett
16 g Eiweiß

1 Die Hirse im Sieb unter heißem Wasser abspülen.

2 Den Mandeldrink und die Hirse unter stetem Umrühren aufkochen. Den Herd auf niedrige Stufe stellen und alles etwa 15 Minuten bei gelegentlichem Rühren köcheln lassen. Die Flüssigkeit sollte aufgesogen sein.

3 Derweil die Bananen schälen und klein schneiden. Die Trauben waschen und halbieren. Die Hälfte beider Früchte unter das Porridge rühren und nun circa fünf Minuten durchziehen lassen.

4 Die Mandeln grob zerkleinern. Honig und Zimt vor dem Servieren unter das Porridge rühren. Den Brei in die Schüsseln geben.

5 Die süße Speise mit den übrigen Fruchtstücken garnieren und alles mit den Mandeln bestreuen.

MÖHRENBREI

2 Pers. 20 Min. Leicht

Zutaten

90 g Haferflocken
300 ml Wasser
100 ml Hafermilch
3 entsteinte Datteln
2 Möhren
3 EL Limettensaft
1 EL Agavendicksaft

Küchenutensilien

1 Topf
1 Schüssel
1 Standmixer

Nährwerte p. P.

316 kcal
56 g Kohlenhydrate
6 g Fett
9 g Eiweiß

1 Das Wasser in einem Topf aufkochen. Dieses in einer Schüssel über die Flocken gießen. Limettensaft und Dicksaft dazugeben. Alles gut durchmischen. Das Ganze etwa zehn Minuten ziehen lassen.

2 Die Möhren schälen und in kleine Stücke schneiden. Diese mit den Datteln sowie der Hafermilch in den Standmixer geben. Das Ganze entsprechend der Vorliebe zur gewünschten Konsistenz pürieren.

3 Porridge und Möhrenmischung im Topf vermengen. Alles kurz aufkochen und anschließend auf den Tellern verteilen.

Tipp: Diese Speise funktioniert als eigenständiges Gericht. Es lässt sich nach individuellem Geschmack würzen. Zudem dient es ebenso als grandioser Kartoffelbreiersatz.

HAFERGEMÜSE

2 Pers.

10 Min.

Leicht

Zutaten

200 g Haferflocken
80 g Parmesan
30 g getrocknete Tomaten
30 g schwarze Oliven
600 ml Gemüsebrühe
4 Frühlingszwiebeln
2 Möhren
2 Knoblauchzehen
½ Bund italienische Kräuter (Basilikum, Thymian, Rosmarin usw.)
3 EL Olivenöl
1 EL Tomatenmark
1 Schuss Wein
1 Prise Salz
1 Prise Pfeffer
1 Prise Chilipulver

Küchenutensilien

1 Topf
1 Reibe

Nährwerte p. P.

502 kcal
33 g Kohlenhydrate
35 g Fett
15 g Eiweiß

1 Tomaten sowie Oliven klein schneiden. Die Möhren schälen und in mundgerechte Stücke schneiden. Die Kräuter waschen, trocken schütteln und die Hälfte davon klein hacken. Den Knoblauch schälen und ebenfalls klein hacken.

2 Die in Schritt 1 vorbereiteten Zutaten im Topf mit dem Öl und dem Tomatenmark unter stetem Umrühren für circa vier Minuten dünsten. Die Haferflocken hinzugeben und alles mit Wein und Brühe aufgießen.

3 Das Ganze nun etwa 6 - 8 Minuten bei niedriger Temperatur einkochen lassen. Anschließend die Frühlingszwiebeln putzen, von den Enden befreit und in feine Scheiben schneiden. Nun mit dem Topfinhalt verrühren.

4 Parmesan über dem Topf reiben und untermengen. Jetzt alles mit den Gewürzen abschmecken. Das Porridge noch etwa fünf Minuten oder nach Vorliebe auch länger quellen lassen.

MISO-PORRIDGE

1 Pers.

10 Min.

Leicht

Zutaten

35 g Haferflocken
250 ml Wasser
1 Möhre
1 EL Miso

Küchenutensilien

1 Reibe
1 Topf

Nährwerte p. P.

181 kcal
29 g Kohlenhydrate
4 g Fett
7 g Eiweiß

1 Die Möhre schälen und raspeln. Das Wasser in einem Topf aufkochen.

2 Die Miso-Paste im kochenden Wasser auflösen. Die Haferflocken hinzufügen und alles bei geringer Hitze köcheln lassen, bis das Ganze eingedickt ist.

AFTER EIGHT-PORRIDGE

1 Pers. | 15 Min. + 2 Std. Ruhen | Leicht

Zutaten

70 g Haferflocken
20 g Chiasamen
20 g Erdnussbutter
15 g Schokolade
300 ml Mandelmilch
4 Minzblätter
½ Banane

Küchenutensilien

1 Standmixer
1 Topf
1 Metallschüssel
1 Dessertglas

Nährwerte p. P.

318 kcal
38 g Kohlenhydrate
13 g Fett
10 g Eiweiß

1 Die Minze waschen, trocken schütteln und klein hacken. Die Banane schälen und grob schneiden. Diese mit ¾ der Minzblätter sowie den Flocken, Chiasamen, der Erdnussbutter und Mandelmilch in einem Standmixer pürieren.

2 In einem kleinen Topf Wasser aufkochen. Die Metallschüssel darauflegen und die Schokolade schmelzen.

3 Die Masse aus dem Standmixer in ein Dessertglas füllen und mit der flüssigen Schokolade übergießen. Das Ganze nun für zwei Stunden in den Kühlschrank stellen.

4 Vor dem Servieren die übrige Minze obenauf arrangieren.

LINSEN-PORRIDGE

2 Pers.

25 Min.

Leicht

Zutaten

100 g Haferflocken
80 g rote Linsen
200 ml Pflanzenmilch (bspw. Hafer-, Soja- oder Kokosmilch)
200 ml Wasser
1 Möhre
1 Apfel
2 EL Leinsamen
1 TL Leinöl
1 TL Zimt
1 Prise Salz

Küchenutensilien

1 Reibe
1 Topf

Nährwerte p. P.

360 kcal
60 g Kohlenhydrate
5 g Fett
18 g Eiweiß

1 Den Apfel schälen, Kerngehäuse sowie Blüte entfernen und das Fruchtfleisch klein würfeln. Die Möhre schälen und raspeln. Die Linsen in einem Sieb waschen.

2 Wasser und Pflanzenmilch in einem Topf mischen. Möhre, Linsen, Haferflocken und Leinsamen nacheinander dazugeben. Nun alles aufkochen und für fünf Minuten bei gelegentlichem Rühren köcheln lassen.

3 Die Apfelstücke hinzufügen und alles weitere zehn Minuten köcheln lassen. Danach Zimt, Leinöl sowie Salz untermischen. Das Porridge soll nun richtig sämig werden.

Tipp: Wer es etwas süßer mag, gibt mit den Äpfeln noch 1 - 2 EL Rosinen dazu.

ERBSEN-MAIS-BREI

2 Pers. 20 Min. Leicht

Zutaten

150 g Haferflocken
100 g Erbsen
100 g Mais
500 ml Pflanzenmilch (oder Gemüsebrühe bzw. Wasser)
2 EL Sonnenblumenkerne
1 Prise Salz (außer bei Verwendung von Brühe)

Küchenutensilien

1 Topf
1 Sieb

Nährwerte p. P.

386 kcal
52 g Kohlenhydrate
13 g Fett
14 g Eiweiß

1 Die Haferflocken in der Flüssigkeit erst einmal in einem Topf aufkochen. Eventuell salzen – außer bei Gemüsebrühe. Alles weitere 7–8 Minuten fest einköcheln lassen.

2 Mais sowie Erbsen im Sieb abspülen und abtropfen lassen. Anschließend dem Porridge unterrühren und circa fünf Minuten bei gelegentlichem Umrühren mitköcheln lassen.

3 Die Sonnenblumenkerne ohne Fett in der Pfanne anrösten. Sie dienen final als Garnierung.

PORRIDGE-PANCAKES

2 Pers.

15 Min.
+
30 Min.
Ruhen

Leicht

Zutaten

200 g Haferflocken
300 ml Hafermilch
1 Packung Backpulver
3 EL Kokosöl
2 EL Ahornsirup
2 EL Maisstärke
2 TL Apfelessig
1 Prise Salz

Küchenutensilien

1 Standmixer
1 Schüssel
1 Topf
1 kleine beschichtete Pfanne
1 Pfannenwender

Nährwerte p. P.

406 kcal
54 g Kohlenhydrate
17 g Fett
10 g Eiweiß

1 In einem Standmixer die Flocken zu Mehl verarbeiten. In einer Schüssel anschließend sämtliche Trockenzutaten miteinander vermengen.

2 Das Kokosöl in einem Topf schmelzen. Nun sämtliche Zutaten zusammenführen und miteinander verrühren. Es soll ein homogener Teig entstehen. Das Ganze jetzt circa 25 - 30 Minuten ziehen lassen.

3 In der Pfanne pro Ration etwa zwei Esslöffel Teig circa 30 Sekunden pro Seite bei mittlerer Hitze backen. Die Pancakes vorsichtig wenden.

WINTERAUFLAUF

4 Pers.

45 Min.

Leicht

Zutaten

300 g Haferflocken
200 g Mandeln
150 g getrocknete Cranberrys
1 l Haferdrink
3 Äpfel
2 EL Ahornsirup

Küchenutensilien

1 Auflaufform
Backofen

Nährwerte p. P.

765 kcal
88 g Kohlenhydrate
33 g Fett
24 g Eiweiß

1 In einer Auflaufform Haferdrink, Flocken und Cranberrys miteinander vermengen. Das Ganze etwa 12 - 15 Minuten zu einer sämigen Masse quellen lassen.

2 Den Backofen auf 200 °C Ober-/Unterhitze vorheizen. Die Äpfel halbieren und vom Kerngehäuse trennen. Die Früchte in Scheiben schneiden. Die Mandeln grob zerkleinern.

3 Den Sirup über das Porridge träufeln und das Ganze mit den Apfelscheiben belegen. Anschließend mit den Mandeln bestreuen.

4 Den Auflauf im Ofen 20 Minuten backen.

Fingerfood & Snacks

PORRIDGE-TALER

2 Pers. 30 Min. Leicht

Zutaten

100 g zarte Haferflocken
100 ml Sojamilch (oder Mandelmilch, Hafermilch)
1 Banane
1 TL Chiasamen
1 TL Leinsamen
2 EL Kokosöl zum Braten

Küchenutensilien

1 Schüssel
1 Pfanne
1 Schaumkelle
Küchenpapier

Nährwerte p. P.

258 kcal
32 g Kohlenhydrate
9 g Fett
9 g Eiweiß

1 Milch und Flocken in einer Schüssel mischen. Die Banane schälen, mit einer Gabel zerdrücken und mit dem Schüsselinhalt vermengen. Chia- sowie Leinsamen hinzugeben. Jetzt so lange rühren, bis das Porridge eine breiartige Konsistenz annimmt. Anschließend weitere 10 - 12 Minuten quellen lassen.

2 In der Pfanne das Kokosöl erhitzen. Mit dem Löffel Taler aus dem Brei heben und diese von beiden Seiten goldbraun anbraten. Anschließend mit der Schaumkelle entnehmen und auf einem Küchenpapier abtropfen lassen.

NO-BAKE HIMBEERSCHNITTEN

8 Stk.

20 Min.
+ 8 Std.
Einweichen
+ 8 Std.
Kühlen

Leicht

Zutaten

150 g Haferflocken (oder Cashewkerne)
60 g Himbeeren
40 g entkernte Datteln
40 g Porridge-Grundrezept
100 ml Pflanzendrink
1 Msp. Bourbon-Vanille

Küchenutensilien

1 Schüssel
1 Standmixer
1 rechteckige Backform
Backpapier

Nährwerte p. P.

113 kcal
19 g Kohlenhydrate
3 g Fett
4 g Eiweiß

1 Die Datteln klein schneiden und über Nacht in einer Schüssel mit Wasser einweichen.

2 Die Datteln anschließend mit dem Porridge, 75 g Flocken und 30 g Himbeeren im Standmixer zu einer homogenen Masse pürieren.

3 Die Backform mit Backpapier auslegen und den Teig darauf gleichmäßig verstreichen.

4 Die restlichen Zutaten zu einer Creme mixen. Diese auf den Porridge-Boden streichen. Jetzt längliche Stücke daraus schneiden und diese am besten über Nacht in den Kühlschrank stellen.

DESSERTKÜCHLEIN

8 Pers.

20 Min.
+
45 Min.
Backen
+
15 Min.
Kühlen

Leicht

Zutaten

400 g Haferflocken
200 g Walnüsse
200 ml Pflanzenmilch
10 entkernte Datteln
2 Bananen
4 EL Kakaonibs
3 EL Tahini
1 EL Backpulver
1 TL gemahlener Zimt
Prise Salz

Küchenutensilien

2 Schüsseln
1 Standmixer
1 Zahnstocher
Muffinblech
Backofen

Nährwerte p. P.

427 kcal
49 g Kohlenhydrate
20 g Fett
12 g Eiweiß

1 Den Backofen auf 180 °C Ober-/Unterhitze vorheizen. Die Nüsse sowie Haferflocken im Standmixer zerkleinern.

2 Diese gemahlenen Zutaten in einer Schüssel mit dem Backpulver, Salz, Zimt und Tahini vermengen. Acht Datteln sehr fein zerschneiden. Die Bananen schälen und ebenso klein stückeln. Das Ganze in den Standmixer geben und mixen.

3 In der zweiten Schüssel Milch, Kakaonibs und die Masse aus dem Mixer gut miteinander verrühren. Den Flüssigteig nun in die Muffinformen füllen und 45 Minuten im Ofen backen. Sie sind fertig, wenn am hineingestochenen Zahnstocher aus Holz kein Teig hängenbleibt.

4 Die Küchlein erst einmal bei offener Backofentür 15 Minuten auskühlen lassen. Währenddessen die Schokoglasur im Wasserbad verflüssigen. Anschließend auf die Muffins streichen. Die restlichen kleingeschnittenen Datteln dienen als Garnierung auf der Schokolade. Die Muffins komplett auskühlen lassen.

ENERGIEBÄLLE

20 Bälle | 30 Min. + 30 Min. Backen | Leicht

Zutaten

200 g Haferflocken
40 g Haselnüsse
20 g Cranberrys
100 ml Milch
3 Äpfel
1 Banane
1 TL Zimt

Küchenutensilien

1 Schüssel
1 Backblech
Backpapier
Backofen

Nährwerte p. P.

63 kcal
9 g Kohlenhydrate
3 g Fett
2 g Eiweiß

1 Den Backofen auf 160 °C Ober-/Unterhitze vorheizen. Die Äpfel schälen, entkernen und raspeln. Die Haselnüsse klein hacken. Die Banane schälen und mittels Gabel zu einem Mus drücken.

2 Jetzt sämtliche Zutaten in einer Schüssel gut miteinander vermengen. Das Ganze etwa 8 - 10 Minuten durchziehen lassen. Anschließend mit der Hand kleine Kugeln formen.

3 Das Backblech mit Backpapier belegen. Die Bälle darauf geben und circa 30 Minuten backen. Kühl gelagert halten sie bis zu einer Woche.

HAFER-KOKOS-PLÄTZCHEN

16 Cookies

40 Min.

Leicht

Zutaten

125 g Haferflocken
125 g weiche Butter
125 g Zucker
50 g Vollkornmehl
1 Ei
10 TL Kokoscreme
1 TL Backpulver

Küchenutensilien

1 Schüssel
1 Schneebesen
1 runder Keksausstecher (oder Form nach Belieben)
1 Backblech
Backpapier
Backofen

Nährwerte p. P.

201 kcal
16 g Kohlenhydrate
15 g Fett
3 g Eiweiß

1 Butter und Zucker in einer Schüssel mit dem Schneebesen schaumig schlagen. Das aufgeschlagene Ei hinzugeben und alles weiterhin zu einer homogenen Creme schlagen.

2 Den Backofen auf 180 °C Ober-/Unterhitze vorheizen. Die Haferflocken mit in die Schüssel geben und alles gut durchmischen. Den Teig etwa zehn Minuten quellen lassen. Danach auf einer bemehlten Arbeitsplatte ausrollen. Mittels Ausstechern Kekse herstellen und diese auf das Backblech mit Backpapier legen.

3 Die Cookies nun 10 - 12 Minuten goldbraun backen und auskühlen lassen.

4 Die Kokoscreme zwischen zwei Kekse auftragen.

PROTEINKÜCHLEIN

4 Pers.

10 Min.
+
30 Min.
Backen

Leicht

Zutaten

200 g Porridge-Grundrezept
200 g Haselnüsse
200 g Mandeln
100 g Grieß
100 g Mehl
20 g Zucker
200 ml Milch
2 TL Kakaopulver
2 Prisen Salz

Küchenutensilien

1 Topf
1 Backblech
(1 Tasse)
Backblech
Backofen

Nährwerte p. P.

838 kcal
58 g Kohlenhydrate
53 g Fett
27 g Eiweiß

1 Den Grieß in der Milch in einem Topf aufkochen. Kakaopulver dazugeben, unterrühren und zur Seite stellen.

2 Nun sämtliche restliche Zutaten in einer Schüssel gut vermischen und anschließend unter den Grießbrei rühren.

3 Den Backofen auf 150 °C Ober-/Unterhitze vorheizen sowie das Backblech mit dem Backpapier belegen. Mit Hilfe eines Esslöffels kleine ovale Küchlein formen und diese 30 Minuten im Ofen backen.

Tipp: Anstatt vieler kleiner Happen lässt sich auch nur ein Küchlein in einer größeren Tasse backen. In diesem Fall verlängert sich die Backzeit ein wenig.

CRANACHAN DE LUXE

10 Pers.

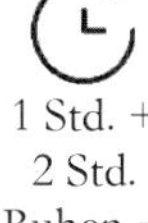
1 Std. + 2 Std. Ruhen + 20 Min. Backen

Leicht

Zutaten
1 kg Himbeeren
850 g griechischer Naturjoghurt
250 g Heidelbeeren
250 g Mascarpone
200 g zarte Haferflocken
140 g Butter
140 g gesiebter Puderzucker
100 g Vollrohrzucker
100 g grob gehackte Haselnüsse
85 g Vollkornmehl
200 ml Schlagsahne
2 Orangen
1 Rosmarinzweig
6 EL Malt Whisky
4 EL Honig
1 TL Vanilleextrakt

Küchenutensilien
10 Dessertgläser
2 Töpfe
2 Schüsseln
1 Reibe
1 Sieb
1 Schneebesen
1 Backblech
Backpapier
Backofen

1 Den Honig und die Butter in einem Topf schmelzen. Haselnüsse, Flocken und das Mehl dazugeben. Anschließend den Zucker unterheben. Die Masse bis zu fünf Minuten quellen und somit eindicken lassen.

2 Den Backofen auf 180 °C Ober-/Unterhitze vorheizen. Die Masse auf einem mit Backpapier belegtem Ofenblech gleichmäßig verstreichen. Das Ganze circa 20 Minuten backen, bis es leicht bräunlich ist. Danach wird alles zu kleineren Stücken zerbrochen, insofern der Teig komplett ausgekühlt ist.

3 Die Orangen halbieren und in den zweiten Topf auspressen. Mit einer Reibe ein wenig Schalenabrieb erzeugen. Diesen mit dem Rosmarinzweig und den Himbeeren in den Topf geben. Alles aufkochen und zehn Minuten bei mittlerer Hitze köcheln lassen.

4 Die Fruchtmasse durch ein Sieb passieren. Den Himbeerspiegel weiter einkochen. Wenn die Konsistenz den eigenen Vorlieben entspricht, die Heidelbeeren unterrühren und alles abkühlt lassen.

5 Derweil die Sahne in einer Schüssel steif schlagen. In der zweiten Schüssel die restlichen Zutaten aus der Liste vermischen. Nun die Sahne unter diese Masse heben.

6 Ein paar Crumbles zur Seite legen. In den Dessertgläsern nun Crumble, Himbeermasse und Sahne schichten. Für die Garnierung stehen unmittelbar vor dem Servieren die übrigen Porridge-Bruchstücke zur Verfügung.

Nährwerte p. P.

626 kcal
55 g Kohlenhydrate
39 g Fett
11 g Eiweiß

Tipp: Wenn das Dessert Zeit zum Setzen bekommt, schmeckt es noch besser. Es funktioniert auch als Vorbereitung für die süße Leckerei am nächsten Tag.

MANGO-MUFFINS

16 Muffins

20 Min.
+
25 Min.
Backen

Leicht

Zutaten

400 g Overnight Oats (siehe Rezept)
200 g Dinkelvollkornmehl
100 g Mandeljoghurt
100 g Kokosöl
65 g Ahornsirup
100 ml Hafermilch
1 Mango
Abrieb ½ Zitrone
4 EL Wasser
2 EL geschroteter Leinsamen
2 TL Zimt
1 TL Backpulver
1 Prise Salz

Küchenutensilien

2 Schüsseln
2 Muffinbleche
Backofen

Nährwerte p. P.

221 kcal
25 g Kohlenhydrate
11 g Fett
6 g Eiweiß

1 Den Backofen auf 180 °C Umluft vorheizen. In einer Schüssel sämtliche Trockenzutaten miteinander vermengen. Die Mango schälen, entsteinen, in kleine Würfel schneiden und in die Mehlschüssel geben.

2 Die übrigen Zutaten in der zweiten Schüssel vermischen. Den Inhalt dieser Schüssel nun in die Mehlschüssel geben und alles gut verrühren.

3 Den Teig auf die Muffinformen verteilen und 22 - 25 Minuten im Ofen backen.

Desserts

SÜßES BUCHWEIZENPORRIDGE

1 Pers.

15 Min.
+
8 – 12 Std.
Einweichen

Leicht

Zutaten

50 g Buchweizen
200 ml Wasser
250 ml Pflanzendrink
1 Apfel
1 TL Ahornsirup (oder Honig)
2 Prisen Zimt
1 Prise Salz

Küchenutensilien

1 Schüssel
1 Topf

Nährwerte p. P.

244 kcal
53 g Kohlenhydrate
1 g Fett
5 g Eiweiß

1 Den Buchweizen in einer Schüssel über Nacht im Wasser mit dem Salz einweichen. Am nächsten Morgen gründlich abspülen.

2 Den Apfel nach Wunsch schälen sowie halbieren. Kerngehäuse und Stiel herausschneiden und die Frucht in kleine bis mundgerechte Stücke schneiden.

3 Buchweizen und Pflanzendrink in einen Topf geben und das Ganze aufkochen.

4 Nachdem der Topfinhalt aufgekocht ist, die Apfelstücke dazugeben und alles gut umrühren. Je nach individuellem Wunsch das Porridge nun bis zu fünf Minuten eindicken lassen.

5 Vor dem Servieren den Zimt untermischen und das Dessert eine Minute durchziehen lassen. Das Ganze zum Schluss mit dem Sirup beträufeln.

APFELSTRUDEL-PORRIDGE

1 Pers. 15 Min. Leicht

Zutaten

40 g zarte Haferflocken
150 ml Milch
100 ml Wasser
1 Apfel
1 Packung Vanillezucker
2 EL Walnusskerne
1 EL geschälte Sonnenblumenkerne
1 EL gemahlene Haselnüsse
1 EL Rosinen
1 EL brauner Zucker
1 Prise Salz
1 Msp. Zimt

Küchenutensilien

1 Topf
1 Reibe

Nährwerte p. P.

473 kcal
33 g Kohlenhydrate
31 g Fett
14 g Eiweiß

1 Die Flocken, Sonnenblumenkerne und Haselnüsse in einen Topf geben. Salz, Zimt und die beiden Zuckerarten hinzugeben.

2 Den Apfel schälen und vierteln. Das Kerngehäuse entfernen und die Frucht grob raspeln. Die Apfelraspel mit den Rosinen ebenfalls in den Topf geben.

3 Wasser und Milch dazugießen. Das Ganze unter stetem Umrühren aufkochen. Die Walnüsse grob hacken und unter das Porridge rühren. Zum Schluss alles vier Minuten durchziehen lassen.

BOUNTY PORRIDGE DESSERT

2 Pers.

15 Min.
+
15 Min.
Ruhezeit

Leicht

Zutaten

400 g Skyr
75 g Haferflocken
50 g Zartbitterschokolade
20 g Kokosraspel

Küchenutensilien

2 Töpfe
1 Metallschüssel
1 Schüssel

Nährwerte p. P.

430 kcal
40 g Kohlenhydrate
16 g Fett
26 g Eiweiß

1 Die Schokolade im Wasserbad schmelzen.

2 Derweil die Haferflocken in einem Topf mit Wasser gerade so bedecken. Den Topfinhalt aufkochen und wieder abkühlen lassen.

3 Die Kokosraspel mit dem Skyr in einer Schüssel vermengen.

4 In der Dessertschüssel die gequollenen Haferflocken mit der Skyrcreme bedecken. Die flüssige Schokolade obenauf geben.

5 Das Dessert vor dem Servieren circa 15 Minuten im Kühlschrank kühlen, sodass die Schokolade wieder fest wird.

PINHEAD OATS

4 Pers.

20 Min.
+
8 – 12 Std.
Quellen

Leicht

Zutaten

225 g zarte Haferflocken
50 g Crème fraîche
35 g Rohrzucker
20 g Butter
500 ml Wasser
250 ml Milch
1 Prise Muskat
1 Prise Zimt

Küchenutensilien

1 Schüssel
1 Kochtopf

Nährwerte p. P.

285 kcal
36 g Kohlenhydrate
12 g Fett
8 g Eiweiß

1 Die Haferflocken mit Wasser bedeckt in einer Schüssel über Nacht quellen lassen. Am nächsten Morgen das restliche Wasser abgießen.

2 Butter, Haferflocken und Milch im Topf aufkochen. Unter gelegentlichem Umrühren das Ganze bei mittlerer Hitze etwa 20 - 25 Minuten köcheln lassen.

3 Den Zucker einrühren und alles gut vermischen. Muskat sowie Zimt unterrühren. Erst kurz vor dem Servieren die Crème fraîche untermengen.

FRUCHTIGER SCHOKOHAFER

1 Pers.

15 Min.

Leicht

Zutaten

50 g zarte Haferflocken
50 g Cranberrys
250 ml Milch
1 EL Backkakao
1 EL Schokotröpfchen
1 EL Blütenhonig

Küchenutensilien

1 Topf

Nährwerte p. P.

392 kcal
53 g Kohlenhydrate
15 g Fett
10 g Eiweiß

1 Milch und Backkakao in einem Topf vermischen. Das Ganze erwärmen, aber nicht aufkochen.

2 Den Herd auf niedrige Stufe einstellen und die Haferflocken dazugeben. Das Ganze nun 5 - 7 Minuten quellen lassen.

3 Ein paar Cranberrys zur Seite legen. Die restlichen Cranberrys mit dem Honig und der Hälfte der Schokotröpfchen unterrühren.

4 Vor dem Servieren die übrigen Schokostücke und Früchte auf dem Brei arrangieren.

KRÜMELIGER FRUCHTQUAK

1 Pers. 15 Min. Leicht

Zutaten

200 g Früchte nach Wahl
200 g Quark
35 g zarte Haferflocken
100 ml Wasser
1 TL Rohrzucker

Küchenutensilien

1 Topf
1 Standmixer
1 Schüssel

Nährwerte p. P.

308 kcal
36 g Kohlenhydrate
13 g Fett
13 g Eiweiß

1 Die Haferflocken in einem Topf mit Wasser bedecken. Das Porridge aufkochen und auf dem Herd 5 - 7 Minuten quellen lassen.

2 Währenddessen die Früchte waschen, von Stein oder Kernen befreien und klein schneiden.

3 Nun die Hälfte der Früchte im Standmixer pürieren.

4 Den Quark in einer Schüssel süßen. Jetzt die Fruchtstücke und anschließend die Flocken untermengen.

5 Das Fruchtmus aus dem Standmixer auf dem Fruchtquark verteilen.

TROPISCHER HAFERGRIEß

1 Pers.

10 Min.

Leicht

Zutaten

100 g Ananas
40 g kernige Haferflocken
10 g Zartbitterschokolade
100 ml Wasser
50 ml cremige Kokosmilch
50 ml Milch
1 TL Kokosraspel
1 TL Honig

Küchenutensilien

1 Topf
1 Reibe

Nährwerte p. P.

265 kcal
40 g Kohlenhydrate
7 g Fett
10 g Eiweiß

1 Milch, Kokosmilch und Wasser in einem Topf erhitzen. Honig sowie Haferflocken dazugeben.

2 Alles aufkochen und den Topfinhalt 7 - 10 Minuten bei niedriger Hitze köcheln lassen. Je nach gewünschter Konsistenz variiert die Zeit.

3 Die Ananas waschen, vom Strunk lösen und in kleine Stücke schneiden. Diese entweder dem Topf beimengen und mitköcheln oder am Ende als Topping darauf arrangieren.

4 Die Schokolade klein raspeln und in einer Schüssel mit den Kokosraspeln mischen. Das Dessert damit zum Schluss verfeinern.

SCHOTTISCHES PORRIDGE

1 Pers. 30 Min. Leicht

Zutaten

50 g zarte Haferflocken
200 ml Wasser
100 ml Milch
100 ml Schlagsahne
2 - 4 EL Whiskey (nach persönlicher Vorliebe, am besten schottischer Single Malt)
2 TL Blütenhonig
1 Prise Salz

Küchenutensilien

1 Topf
1 Schneebesen

Nährwerte p. P.

402 kcal
27 g Kohlenhydrate
22 g Fett
9 g Eiweiß

1 Zuerst den Mix aus Wasser und Milch in einem Topf aufkochen.

2 Anschließend die Haferflocken mit einem Holzlöffel langsam einrühren und bei stetem Umrühren circa fünf Minuten köcheln lassen.

3 Jetzt das Ganze salzen und den Whiskey angießen. Alles gut durchmischen und erneut aufkochen. Das Porridge nochmals bei mittlerer Temperatur etwa fünf Minuten köcheln lassen.

4 Anschließend den beschwipsten Haferbrei auf kleiner Flamme 12 - 15 Minuten quellen lassen. Zum Schluss den Honig unterrühren. Als Highlight die Sahne steif schlagen und unter den Brei heben.

TIRAMISU

2 Pers. 25 Min. Leicht

Zutaten

100 g Haferflocken
200 ml Mandelmilch
1 Handvoll grob gehackte Mandeln
6 EL Kokosjoghurt (oder Fruchtjoghurt)
4 EL Kakaopulver
1 EL Agavensirup
1 EL Kaffeepulver
1 TL Kokosöl
½ TL Bittermandelaroma

Küchenutensilien

2 Dessertgläser
1 Schüssel
1 Pfanne

Nährwerte p. P.

447 kcal
52 g Kohlenhydrate
19 g Fett
16 g Eiweiß

1 In einer Schüssel Flocken, Milch, Sirup und Kaffeepulver vermengen. Das Ganze circa zwölf Minuten ziehen lassen und anschließend auf die Dessertgläser verteilt. Etwa vier Esslöffel zur Seite stellen.

2 Das Kokosöl in der Pfanne verflüssigen und mit dem Bittermandelaroma veredeln. Die vier Esslöffel Porridge mit den Mandeln und dem Kakao in die Pfanne geben. Alles gut verrühren und circa 3 - 4 Minuten rösten.

3 Den Joghurt auf dem Porridge verteilen und anschließend mit dem Crunch toppen.

HAFER-KAISERSCHMARRN

1 Pers. 25 Min. Leicht

Zutaten

100 g frische Erdbeeren
100 g Quark
30 g kernige Haferflocken
25 g Dinkelvollkornmehl
10 g Kokosblütenzucker
65 ml Pflanzenmilch
1 Ei
1 EL Kokosblütensirup
1 TL Kokosöl
1 TL Zimtpulver
¼ TL Vanille
1 Prise Salz

Küchenutensilien

1 Schüssel
1 Schneebesen
1 Pfanne
1 Pfannenwender

Nährwerte p. P.

407 kcal
49 g Kohlenhydrate
15 g Fett
17 g Eiweiß

1 In einer Schüssel das aufgeschlagene Ei und das Salz mittels Schneebesen schaumig schlagen. Den Kokosblütenzucker dazugeben und alles nochmals schaumig schlagen.

2 Anschließend Haferflocken, Mehl, Milch und Vanille untermischen und den Teig 10 - 12 Minuten quellen lassen.

3 Derweil die Erdbeeren waschen, vom Blütenansatz befreien sowie halbieren oder vierteln.

4 In der Pfanne Sirup und Kokosöl verflüssigen. Darin die Hälfte der Erdbeeren wälzen.

5 Den Teig nochmals verrühren, in die Pfanne geben und bei mittlerer Hitze anbraten. Sobald er ansetzt, den Kaiserschmarrn wenden und anschließend stückeln.

6 Die Süßspeise anrichten und mit den übrigen Erdbeeren arrangieren. Dazu den Quark mit Zimtpulver servieren.

EXOTISCHES PERLGRAUPEN-PORRIDGE

4 Pers.

40 Min.

Leicht

Zutaten

650 g Ananas (etwa 1 kleine)
400 g Kiwi
250 g Perlgraupen
1 l Mandelmilch
1 Mango
4 Stiele Zitronenmelisse

Küchenutensilien

1 weiter Topf

Nährwerte p. P.

190 kcal
35 g Kohlenhydrate
2 g Fett
5 g Eiweiß

1 Die Perlgraupen mit der Mandelmilch in einem Topf bei gelegentlichem Umrühren circa 25 Minuten köcheln lassen.

2 Die Ananas schälen, vom Strunk befreien und in kleine Stücke schneiden. Die Kiwis schälen und in Scheiben schneiden. Die Kiwischeiben vierteln. Die Mango schälen, vom Stein ablösen und das Fruchtfleisch in Würfel schneiden.

3 Die Melisse waschen, trocknen und deren Blätter abzupfen. Die Melissenblätter klein schneiden.

4 Das Porridge mit 1/3 bis zu ¾ der Fruchtmasse vermischen. Dies wird nach persönlicher Vorliebe für Süßes entschieden. Das Ganze noch einmal fünf Minuten durchziehen lassen. Die restlichen Stücke mit der Melisse als Garnierung verwenden.

Shakes & Smoothies

OAT-SMOOTHIE

2 Pers.

10 Min.

Leicht

Zutaten

150 g TK-Himbeeren
60 g Haferflocken
300 ml Milch
1 EL Cranberrys
1 EL gemahlene Mandeln
2 TL Vanillezucker
2 TL Flüssighonig

Küchenutensilien

2 Trinkgläser
1 Schüssel
1 Standmixer

Nährwerte p. P.

380 kcal
44 g Kohlenhydrate
15 g Fett
13 g Eiweiß

1 Die Cranberrys klein hacken und mit 250 ml Milch, den Himbeeren und Haferflocken in die Schüssel geben. Vanillezucker und Mandeln dazugeben und alles gut durchrühren. Das Ganze über Nacht zugedeckt im Kühlschrank durchziehen lassen.

2 Die Oats aus der Schüssel mit der übrigen Milch im Standmixer pürieren. Den Smoothie in die zwei Gläser füllen und mit jeweils einem Teelöffel Honig beträufeln.

PORRIDGE LATTE MACCHIATO

1 Glas

10 Min.

Leicht

Zutaten

35 g zarte Haferflocken
150 ml Milch
1 Tasse Espresso
½ Banane
5 EL Joghurt
1 Prise Salz
1 Prise Zimt

Küchenutensilien

1 Espressotasse
1 Standmixer
1 Topf (oder Mikrowelle)

Nährwerte p. P.

252 kcal
34 g Kohlenhydrate
8 g Fett
10 g Eiweiß

1 Den Espresso brühen und in den Standmixer gießen. Die Banane schälen, grob zerschneiden und mit der Milch dazugeben. Alles kurz pürieren.

2 Haferflocken sowie Salz unterrühren. Entweder kocht das Ganze in der Mikrowelle bei 600 Watt circa eine Minute oder es wird in einem Topf zum Köcheln gebracht. Das Getränk nun nur etwa 2 - 3 Minuten quellen lassen. Dann erst ist es sowieso zum Genuss abgekühlt.

3 Den Joghurt mit einem Schneebesen schaumig schlagen und vor dem Servieren on Top geben. Das Ganze wird mit dem Zimt bestreut.

GOLDEN-MILK-PORRIDGE

2 Pers.

10 Min.

Leicht

Zutaten

200 g Haferflocken
200 ml Milch
200 ml Wasser
75 ml Rübensaft
1 Rübe
1 Apfel
2 EL Chiasamen
½ TL Salz

Küchenutensilien

1 Reibe
1 Topf

Nährwerte p. P.

347 kcal
51 g Kohlenhydrate
10 g Fett
13 g Eiweiß

1 Die Rübe schälen und fein reiben. Den Apfel waschen, schälen sowie entkernen. Anschließend ebenso fein raspeln.

2 Bis auf den Rübensaft sämtliche Zutaten in einem Topf aufkochen. Danach das Ganze fünf Minuten weiterköcheln lassen.

3 Den Rübensaft dazugießen, alles umrühren und nochmals aufkochen. Den Drink nach eigenen Vorlieben hinsichtlich Konsistenz mit Milch strecken oder etwas länger einkochen.

FRÜHSTÜCKSSHAKE

2 Pers. 5 Min. Leicht

Zutaten

200 ml Milch
50 ml Wasser
15 Rosinen
1 Apfel
1 Banane
4 EL Haferflocken
(1 TL gehäufte Weizen-kleie)

Küchenutensilien

1 Standmixer

Nährwerte p. P.

413 kcal
83 g Kohlenhydrate
5 g Fett
8 g Eiweiß

1 Den Apfel waschen und direkt mit Kernen und Schale grob stückeln. Die Banane schälen und ebenfalls grob stückeln.

2 Alle Zutaten nun in den Standmixer geben. Wasser sowie Milch angießen und alles 30 - 40 Sekunden pürieren. Nicht vergessen: Den Deckel aufsetzen.

FRUCHTIGER SOJA-PORRIDGE-DRINK

4 Pers.

15 Min.

Leicht

Zutaten

200 g Heidelbeeren
200 g Himbeeren
150 g zarte Haferflocken
500 ml Sojadrink
300 ml Wasser
2 Bananen
1 EL Honig
1 TL Pflanzenöl

Küchenutensilien

1 Topf
1 Standmixer

Nährwerte p. P.

258 kcal
43 g Kohlenhydrate
5 g Fett
8 g Eiweiß

1 Die Haferflocken in einem Topf mit dem Öl circa zwei Minuten anrösten. Sie sollen duften. Sojadrink und Wasser dazugeben und alles auf mittlerer Stufe bei stetem Umrühren etwa 10 - 12 Minuten köcheln lassen.

2 Die Beeren waschen und verlesen. Die Bananen schälen und in Scheiben schneiden.

3 Im Standmixer alle Zutaten mischen.

GEHALTVOLLER KAKAODRINK

2 Pers.

10 Min.

Leicht

Zutaten

500 ml Vollmilch
2 getrocknete Datteln (am besten entsteint)
1 Banane
4 EL Haferflocken
1 EL Kakaopulver
1 EL Leinsamen

Küchenutensilien

1 Standmixer

Nährwerte p. P.

239 kcal
28 g Kohlenhydrate
10 g Fett
9 g Eiweiß

1 Die Banane schälen und in grobe Stücke schneiden. Die Datteln vierteln.

2 In einem Standmixer sämtliche Zutaten miteinander vermengen.

KURKUMA-HAFERDRINK

2 Pers.

5 Min.

Leicht

Zutaten

50 g Haferflocken
30 g Datteln
400 ml kaltes Wasser
2 TL Kurkumapulver
1 TL Zimt-Mandel Würzöl
1 TL Kokosöl

Küchenutensilien

1 Standmixer

Nährwerte p. P.

135 kcal
25 g Kohlenhydrate
2 g Fett
4 g Eiweiß

1 Die Datteln vierteln und alles bis auf das Wasser in einem Standmixer pürieren.

2 Langsam das Wasser angießen, während der Mixer läuft. So wird die gewünschte Konsistenz erzielt.

Tipp: Luftdicht verschlossen hält die Hafermilch gut gekühlt im Kühlschrank bis zu drei Tage. Sie wird daher gern auf Vorrat zubereitet.

Kurkuma enthält wichtige Nährstoffe wie Kalium, Magnesium und Phosphor. Zudem weist es einen hohen Grad an ätherischen Ölen auf. Daher zeichnet sich dieses Gewürz als Parademittel gegen Entzündungen aus. Und dem steht der Zimt in nichts nach, gleicht der Zimtbaum doch einem natürlichen Öllager in der Natur. Als wunderbare Ergänzung eignet sich dieses Gewürz bei der Prävention von Herz- sowie Kreislauferkrankungen. Die hohe Anzahl an Antioxidantien wirkt sich positiv auf die eigene Gesundheit aus und verhindert die Entstehung von Krebsgeschwüren, Parkinson oder Alzheimer.

Beauty

Beauty

BEAUTY-PORRIDGE

2 Pers.

25 Min.

Leicht

Zutaten

100 g Himbeeren (oder Heidelbeere)
80 g Quinoa (oder Buchweizen bzw. Hirse)
80 g Haferflocken
200 ml Pflanzendrink
2 EL Algenpulver (oder 4 Algenfasern)
1 EL Chiasamen
1 EL Süßungsmittel nach Wahl (Honig, Sirup etc.)
1 TL Zimt
1 Prise Salz

Küchenutensilien

1 Topf

Nährwerte p. P.

378 kcal
63 g Kohlenhydrate
8 g Fett
15 g Eiweiß

1 Die Quinoa abspülen und im Topf mit dem Wasser aufkochen. Das Ganze fünf Minuten köcheln lassen.

2 Chiasamen sowie Haferflocken unterrühren. Anschließend die Gewürze und Süßungsmittel dazugeben. Jetzt den Pflanzendrink angießen und das Ganze etwa weitere fünf Minuten köcheln lassen.

3 Die Beeren waschen und verlesen. Diese nun mit dem Algenpulver (oder fein gehackten Algenfasern) unterrühren.

Das Gericht enthält Magnesium, Eisen und Zink für das Wohlbefinden und einen intakten Stoffkreislauf. Die hohe Anzahl von Ballaststoffen sowie pflanzlichen Proteinen ermöglicht eine optimale Verdauung. Beeren, Quinoa und Chia sowie Algen zählen als Superfood zu den vielseitigen Nährstofflieferanten. Zudem erweist sich die Mahlzeit als weizenfrei und vegan. Auf raffinierten Zucker wird zusätzlich verzichtet.

AVOCADO-PILZ-PORRIDGE

2 Pers. 30 Min. Leicht

Zutaten

100 g kernige Haferflocken
100 g Ziegenweichkäse (oder Fetakäse)
100 g Pilze nach Wahl
500 ml Gemüsebrühe
8 frische Basilikumblätter
4 Kirschtomaten
1 Avocado
1 Handvoll frischer Blattspinat
1 EL natives Olivenöl
1 Prise Meersalz
1 Prise Pfeffer

Küchenutensilien

1 Topf
1 Pfanne

Nährwerte p. P.

560 kcal
23 g Kohlenhydrate
46 g Fett
11 g Eiweiß

1 Die Flocken in einem Topf ohne Flüssigkeit anrösten. Anschließend die Brühe zugießen. Den Spinat waschen, abtropfen lassen und zu den Haferflocken geben. Alles salzen, aufkochen und 4 - 5 Minuten bei mittlerer Hitze köcheln lassen.

2 Den Topf vom Herd nehmen und das Porridge etwa zehn Minuten quellen lassen. Es sollte wunderbar cremig werden.

3 Derweil die Pilze vorsichtig putzen und im Öl in der Pfanne kurz anbraten.

4 Währenddessen die Tomaten waschen sowie vierteln. Den Käse grob zerbröckeln. Die Avocado vom Stein lösen, ausschaben und in kleine Stücke schneiden.

5 Die Zutaten der Schritte 3 und 4 nun mit dem Porridge gut vermengen. Alles pfeffern und mit den frisch gewaschenen sowie grob zerschnittenen Basilikumblättern garnieren.

Diese Mahlzeit ist reich an gesundheitsförderlichen Inhaltsstoffen. Der Ziegenkäse wirkt sich hierbei positiv auf die Knochen aus und liefert dank seiner Milchfermente einiges für die optimale Darmflora. Pilze sind zudem reich an Mineralien wie Kalium und Magnesium sowie Spurenelementen wie Selen

und Zink. Champignons enthalten außerdem Vitamin C und Vitamin D sowie wichtige Folsäure. Austernpilze oder Shiitake stehen dem in nichts nach. Ergänzt wird die Vitaminlieferung durch die nachweislich gesunde Avocado. Sie reduziert nicht nur Fetteinlagerungen, sondern bietet selbst gesunde Fette für einen intakten Cholesterinspiegel. Zusätzlich unterstützt sie die Verdauung und die Nährstoffaufnahme an sich.

PORRIDGE-HAUTKUR

1 Pers.

10 Min.

Leicht

Zutaten

100 g kleingeschnittene Früchte (oder 50 g grob gehackte Nüsse)
4 EL Haferflocken
4 EL Hafermilch (oder Mandelmilch)
1 EL Kollagenpulver
1 TL Honig
1 Prise Zimt

Küchenutensilien

1 Topf

Nährwerte p. P.

352 kcal
78 g Kohlenhydrate
3 g Fett
3 g Eiweiß

1 Die Milch in einem Topf kurz aufkochen und die Haferflocken hinzugeben.

2 Die restlichen Zutaten beimengen und alles gut durchmischen. Das Ganze auf niedriger Stufe bis zur gewünschten Konsistenz einköcheln lassen.

Als Highlight dienen stets die Toppings. Hier nutzen wir Variationen aus Früchten, Nüssen und Gewürzpulvern. Kollagen stellt den Baustein für die Regeneration der Haut dar. Doch bereits nach dem 25. Lebensjahr reicht die körpereigene Produktion nicht mehr aus. Daher bedarf es eines kleinen Schubs mittels Ergänzungsmittel. Haferflocken enthalten zudem viele Mineralstoffe, welche entzündungshemmend und antibakteriell wirken. Zink selbst dient der Hautregeneration sowie Abmilderung von Hautblessuren und inflammatorischen Erscheinungsbildern.

Tipp: Haferflocken funktionieren auch als Gesichtswasser. Dafür werden 100 g Haferflocken über 48 Stunden in ein fest verschließbares Glas mit 250 ml abgekochtem Wasser übergossen. Anschließend werden die Flocken selbst herausgefiltert. Das Gesichtswasser wird als Beauty-Kosmetika für die Haut verwendet.

BRAUNHIRSE-PORRIDGE

2 Pers. 15 Min. Leicht

Zutaten

30 g zarte Haferflocken
20 g Braunhirse
15 g geschroteter Leinsamen
250 ml Reisdrink
1 EL Ahornsirup
1 EL Nussmus
1 TL Leinöl

Küchenutensilien

1 Topf

Nährwerte p. P.

264 kcal
39 g Kohlenhydrate
9 g Fett
7 g Eiweiß

1 Sämtliche Zutaten außer Nussmus und Leinöl in einem Topf unter stetem Umrühren zu einem sämigen Brei einkochen. Dies kann 10 - 12 Minuten dauern.

2 Auf das Porridge dann einen Klecks Nussmus und das Leinöl geben.

Braunhirse wirkt als Superfood positiv auf die Knochengesundheit, aber auch auf das Bindegewebe. Zudem hilft es bei der Vorbeugung von Lungenerkrankungen. Der große Reichtum an Mineralien und Spurenelementen versorgt den Körper mit allem Notwendigem. Für gesunde Stoffwechselaktivitäten sorgen Eisen, Phosphor, Zink, viele B-Vitamine sowie insbesondere Folsäure. Als besonderes Beauty-Highlight wiegt der hohe Grad an Silizium (500 mg auf 100 g Braunhirse) bei der Wellnessabrechnung. Denn die damit verbundene Kieselsäure zeichnet sich als Schönheitselixier für Bindegewebe, Haar, Haut und Nägel aus. Während das Nussmus volle Power für den Tag bringt, wirkt sich das Leinöl spürbar positiv auf den Cholesterinspiegel aus. Omega-3-Fettsäuren und Polyphenole sorgen für eine vorbeugende Maßnahme einiger Herzerkrankungen sowie Gesellschaftskrankheiten.

BEAUTY-GRANOLA

1 Glas. 1 Std. Leicht

Zutaten

100 g kernige Haferflocken
75 g Vollrohrzucker
70 g Walnusskerne
60 g Kokosöl
50 g Cashewkerne
50 g Mandelblättchen
30 g Pistazien
30 g Sonnenblumenkerne
3 EL Honig
2 EL Ahornsirup
½ TL Zimtpulver

Küchenutensilien

1 Topf
1 Schüssel
1 tiefes Backblech
Backofen

Nährwerte p. P.

244 kcal
20 g Kohlenhydrate
16 g Fett
5 g Eiweiß

1 Den Backofen auf 150 °C Ober- /Unterhitze vorheizen. Auf dem Backblech Kokosöl, Honig sowie Zucker gleichmäßig verteilen. 7 - 10 Minuten im Ofen sollten ausreichen, um eine schöne Melasse zu erzielen.

2 Die Milch mit den Flocken in einem Topf aufkochen. Das Ganze etwa zehn Minuten ziehen lassen. Derweil sämtliche restliche Zutaten in einer Schüssel vermischen. Die Nüsse lassen sich notfalls auch halbieren.

3 Das Porridge mit der Melasse mischen. Den Schüsselinhalt anschließend auf dem Blech verteilen und alles gut durchmischen. Den Mix nun circa 30 - 35 Minuten im Ofen backen, bis er goldbraun ist. Das Granola alle 5 - 7 Minuten wenden.

4 Anschließend abkühlen lassen. Dabei ab und zu umrühren, damit sich die Zuckerhülle nicht am Backblech festsetzt. Das Granola in einem luftdichten Behälter lagern.

Die Knusper-Köstlichkeit enthält Vitamin B liefernde Haferflocken für Nägel und Haar, entzündungshemmenden und revitalisierenden Honig sowie gesunde Fette durch die Nüsse.

VEGANE POWERPLATTE

2 Pers.

25 Min.

Leicht

Zutaten

150 g Haferflocken
300 ml Gemüsebrühe
4 Minzblätter
1 Möhre
1 Frühlingszwiebel
½ Avocado
½ Limette
¼ Salatgurke
2 EL Erdnussmus
1 EL Leinöl
1 EL Agavendicksaft
1 TL Apfelessig
1 Schuss Wasser
1 Prise Knoblauchpulver
1 Prise Ingwerpulver

Küchenutensilien

1 Topf
1 Standmixer

Nährwerte p. P.

456 kcal
38 g Kohlenhydrate
29 g Fett
10 g Eiweiß

1 Die Flocken in der Brühe in einem Topf aufkochen und bei mittlerer Hitze fünf Minuten garen lassen.

2 Die Möhre schälen sowie grob raspeln. Die Frühlingszwiebel putzen und in Ringe schneiden. Die Gurke putzen und in Würfel schneiden.

3 Erdnussmus, Leinöl und Agavendicksaft in den Standmixer geben. Alles mit Gewürzpulvern und Essig würzen und etwas Wasser dazugeben. Die Limette waschen und in den Mixer auspressen. Nun alles zu einer delikaten Soße mixen. Zum Schluss noch einmal mit einem Schneebesen aufschlagen. So erhält die Soße mehr Volumen.

4 Die zubereiteten Gemüsebeilagen auf dem Teller arrangieren und mit der würzigen Soße beträufeln.

5 Die Avocado halbieren, den Stein entfernen und das Fruchtfleisch mit einer Gabel ausschaben. Daraus Scheiben schneiden und neben das Gemüse legen. Darauf das Porridge arrangieren.

6 Die Minze waschen, trocken schütteln und grob zerschneiden. Damit die vegane Speise dekorieren.

Neben den bereits ausgeführten Vorzügen der Avocado gesellt sich bei diesem Gericht ein grandioses Lebensmittel hinzu: das Leinöl. Es ist ein umfangreiches Depot für die gesunden und vom Körper benötigten Omega-3-Fettsäuren. Während die enthaltenen Polyphenole vor Krebszellen schützen, unterstützen die Fettsäuren den Zellaufbau – und das wird sich sehen lassen.

PUDDING-PORRIDGE

  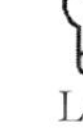 

2 Pers. | 10 Min. + 1 Std. Kühlen | Leicht

Zutaten

250 g Skyr (oder Quark)
80 g Haferflocken
400 ml Milch (oder Pflanzendrink)
1 EL Wasser
4 TL Speisestärke
1 TL Zimtpulver

Küchenutensilien

1 Topf
1 Schüssel

Nährwerte p. P.

358 kcal
38 g Kohlenhydrate
12 g Fett
26 g Eiweiß

1 Die Haferflocken in der Milch in einem Topf etwa fünf Minuten aufkochen.

2 Währenddessen die Stärke in einer Schüssel mit ein wenig Wasser verrühren und zum Porridge geben.

3 Langsam sollte in bis zu zwei Minuten eine puddinggleiche Konsistenz erreicht werden. Skyr sowie Zimt unterrühren und alles abkühlen lassen.

Die Vorzüge des Zimts wurden schon weiter vorne angebracht. Der Skyr bereichert die gesunde Ernährung durch einen sehr hohen Anteil an hochwertigem Eiweiß. Dies wiederum wird für den Zellaufbau, die Revitalisierung und den Stoffwechsel benötigt. Des Weiteren bietet diese Milchspeise viel Kalzium für den Körper. Auch diese Ingredienz ist reich an Vitamin B12 und Vitamin D.